ピス島で「コン」（パンノキの茹で蒸した果実を搗いた料理）を作る様子

ピス島の北側から見た島の全景

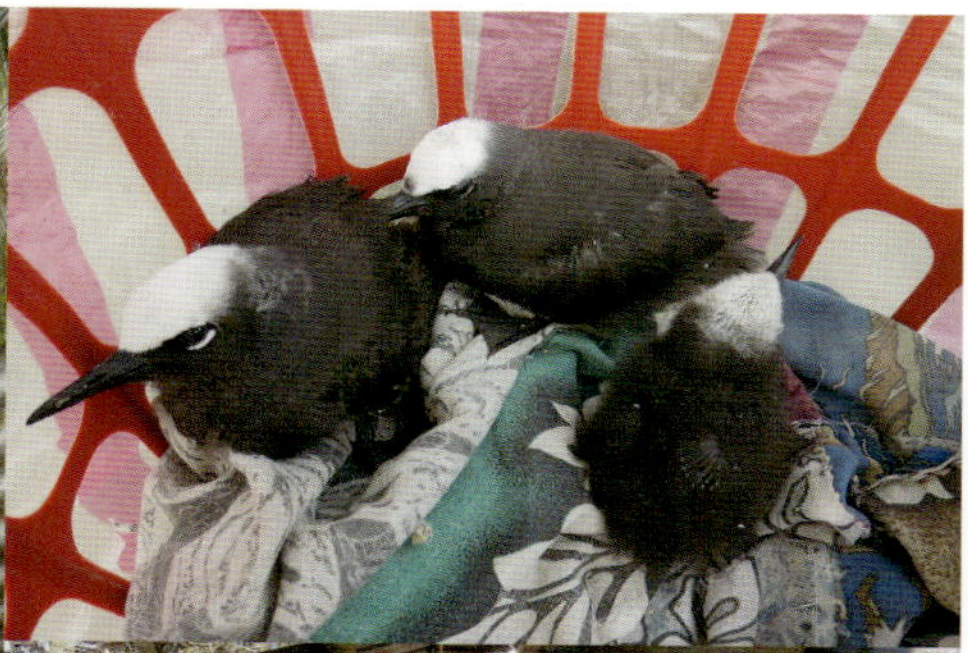

ESE

STATE

太平洋島嶼学特論でピス島やグアム島を訪れた学生とピス島の人々

太平洋島嶼学特論でピス島やグアム島を訪れた学生とピス島の人々

いつもお世話になっているベニート・ネレオ前村長（中央）のご家族（2014 年 2 月撮影）

大塚　靖
山本宗立　編著

ミクロネシア学ことはじめ

魅惑のピス島編

南方新社

編集・装幀　大内喜来

まえがき

「今年もミクロネシアへ調査に行きました」と話すと、「いいですね」と返ってくることがある。確かに、私たちは自分たちの意思で好んで調査に行っているので間違いではないのだが、おそらく答えた人が考えるミクロネシアとは違うところに行っていると思われる。ミクロネシアといえば、青い海に囲まれ、白い砂浜のある島で、人々がのんびりと過ごしている姿を想像する人もいるだろう。それは間違いではなく、ミクロネシアの一面でもある。しかし、当然ではあるが、ミクロネシアにも多様な側面があり、南国の楽園ばかりではない。

ミクロネシアというのは太平洋の島々のうち、赤道以北、日付変更線より西側の地域のことである。ミクロネシアにはグアム島やサイパン島、パラオ共和国などが含まれていて、私たちが調査に行っているミクロネシア連邦はミクロネシアのなかの国の一つである。ミクロネシア連邦とパラオ共和国の島々はカロリン諸島とも呼ばれている。私たちはミクロネシア連邦のいくつかの島で調査を行っているが、その一つがチューク州のチューク環礁上にあるピス島である。ピス島は正式にはピス・パネウ島（Piis-Paneu）である。チューク州のモートロック諸島にピス・エマール島（Piis-Emwar）もあるが、本書ではピス・パネウ島をピス島としている。

ピス島は周囲約二・五キロメートル、人口約三〇〇人の小さな島である。どうしてそんな小さな島で調査をするのか不思議に思う人もいるのではないだろうか。それには私が所属している鹿児島大学国際島嶼教育研究センターについて説明するのがよいであろう。このセンターは、島をフィールドとしてさまざまな分野の研究者が集まり、学際的な研究を行う組織である。島は海に囲まれ、狭小性、脆弱性という特徴を持ち、その島の中には独自の自然、文化、社会経済システムが存在している。つまり、一つの島で一つの小さな世界を形成しており、島全体を研究することは、その世界全体を研究することになる。さらに、島は自然や社会環境の変化による影響を受けやすく、島が小さければ小さいほどその影響が大きくなる。自然や社会環境の変化による影響が、大きな島や大陸に広がったときに、いち早く影響を受けていた小さな島での研究成果がその対策に役に立つはずである。また、島の研究は島の特殊性を調べるだけではない。島の特殊性と思われていたことは、時には世界の普遍的な現象や真理が顕在化している場合もある。このような考えのもと、いくつかの島で調査を行っているが、その一つがピス島である。

ピス島は観光客が訪れる島ではない。宿泊施設はないし、空港もなければ、島に渡る定期船などもない。島の人にお願いしてボートを出してもらわないと島に行けない。島の人の家に泊めてもらい、食事を用意してもらわなければ島での生活は成り立たない。さらに、島で調査をするには、私たちの調査を理解とまではいかなくても、悪いことはしていないと納得してもらう必要がある。私たちのセンターの研究者が初めてピス島を訪れたのは一〇年以上前になるが、それ以降少しずつ島の人たちとよい関係を築いていき、今では私たちを快く迎えてくれる。調査によっては、ひと時の時間も無駄にせず、ひたすら調査に打ち込む場合もある。しかし、それでは島での調査はうまくいかない、というか長続きはしない。島での調査は自分たちの都合ではなく、島の人たちに合わせた調査となる。これは一見、非効率的にみえるかもしれないが、自分たちの価値観ではなく、島の人たちにできるだけ近い目線で調査することで、見える世界が違ってくるのである。島嶼研究は、どんなによいフィールドがあっても、島の人との関係がうまくいかなければ、研究は行えないのである。そんな島の人との関係の中でみえてきた、ほかでは紹介されていないピス島やミクロネシアを知ってほしいという想いが、この本を出版しようと思ったきっかけである。

この本の第一部はチューク州の自然、島の成り立ち、歴史・社会経済についてである。ピス島をより理解する上でも、ピス島があるチューク州を知ることは重要である。特に、第四章のチューク州の社会経済については、統計データをもとにして、ミクロネシア連邦の四つの州を比較している。連邦ということからわかるように、それぞれの州は独立しており、異なる歴史、文化、言語を持っている。空港から街中に少し行くだけでも、その違いがわかる。チューク州はほかの州に比べて、一見ガラの悪そうな人が多くたむろしていて、デコボコした未舗装の道が目立つ。ウェノ島の終わらない道路工事は、もはやこの島の名物と言っていいかもしれない。また、現在のミクロネシアを考える時、アメリカ合衆国との関係が常に重要となる。ミクロネシア連邦は、第二次世界大戦後、アメリカ合衆国を受任国とする国際連合の信託統治となっていたこともあり、独立後も多額の援助をもらっており、自由にアメリカ合衆国で就労でき、教育を受けることができる。地理的にグアム島に近いチューク州は、多くの人がグアム島で働いており、コミュニティーを作っている。このように、アメリカ合衆国の影響は近代化というかたちで表れており、この章で紹介されているように若者の自殺率の高さにつながっている。私たちが調査している家庭の青年が自殺することもあった。陽気に見えるチューク州の若者たちが、大きな不安や葛藤の中で生きているという事実は、調査で接している限りではなかなかわからないことである。

第二部ではピス島の暮らし、食生活、海と陸の自然、公衆衛生について書かれている。ピス島については、その地理関係をよく理解した上で読んでいただきたい。ピス島は州都があるウェノ島からボートに乗って一時間ほどの場所にある。ウェノ島のすぐ近くでもなく、絶海の孤島でもない、程よい距離に位置している。また、先述したように、ピス島の人たちもグアム島などアメリカ合衆国と行き来しており、決して閉じた世界ではない。グアム島にはピス島出身者のコミュニティーもある。このような島独自のコミュニティーが島外にあるのは、ミクロネシアだけではなく、私が住んでいる鹿児島県の島々も同様である。鹿児島県の離島の人たちも、鹿児島市や関西や東京で島それぞれのコミュニティーを持っているのである。ピス島は環礁上にある小さな島なので、火山島であり都会であるウェノ島との比較があれば、より違いがわかったのかもしれないが、第二部は私たちが多くの時間をかけて調査をしてきたピス島に焦点をあてて書かれている。それらは、私たちがピス島で行った調査による研究成果であり、同時に研究者の視点で見たピス島の今の姿を伝えてもいる。

COLUMN については、鹿児島大学大学院全学横断的教育プログラムの「太平洋島嶼学特論」でピス島を訪れた学生や、ミクロネシアで私たちと一緒に調査を行った研究者に、現地の体験をもとにして書いていただいた。

この本を通して、豊かな自然の中で伝統と近代化の混ざりあうピス島の魅力や、様々な分野の研究者が一つの島で行う島嶼研究の楽しさを、一緒に味わっていただければと願っている。

大塚　靖

二〇一七年八月

【ミクロネシア学ことはじめ　魅惑のピス島編】目次

第二部　ピス島

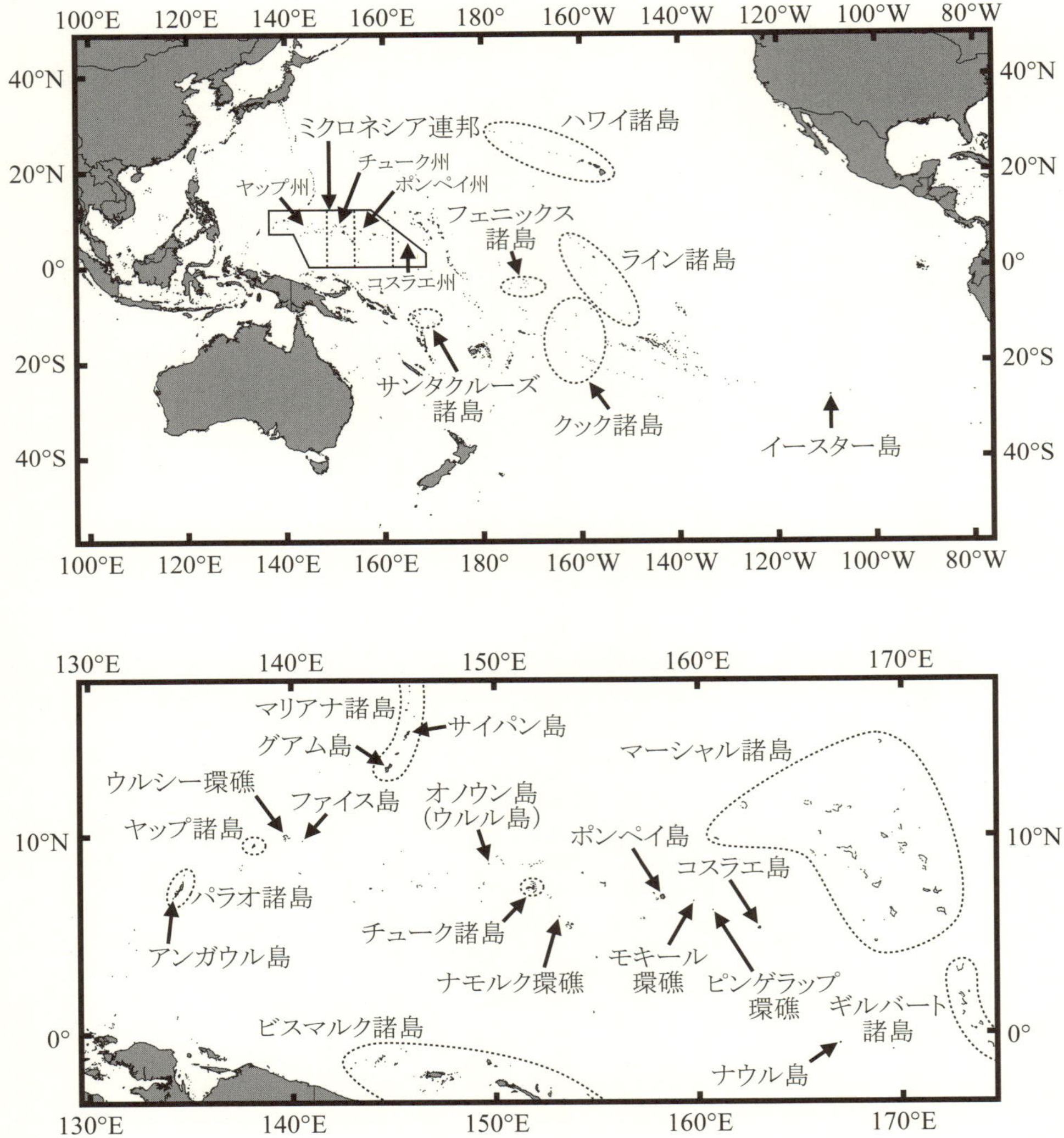

巻頭図１　太平洋地域（上図）とミクロネシアの島々（下図）

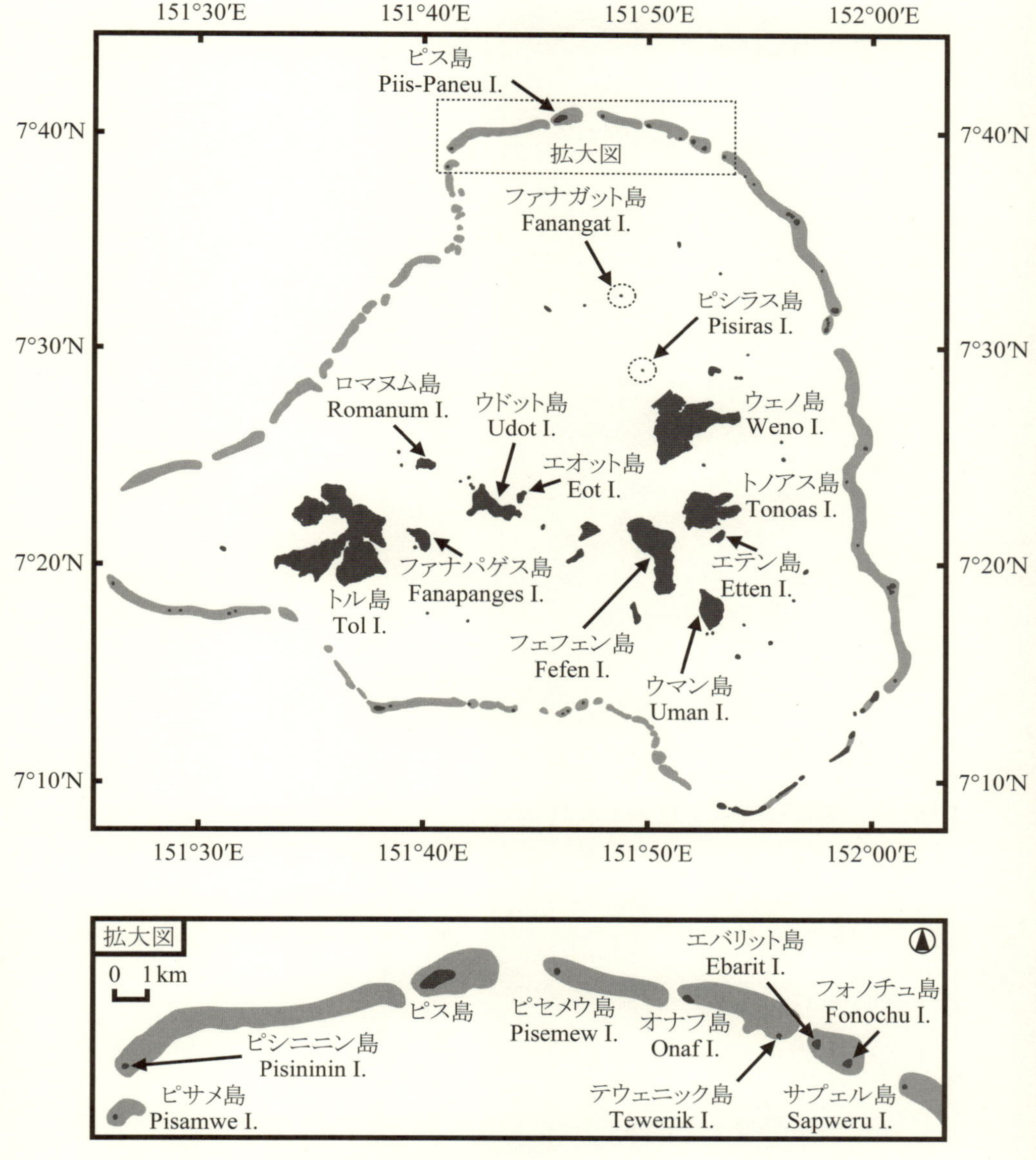

巻頭図２　チューク諸島およびピス島周辺の地図

第一部　チューク州

第一章　海域の環境

上野大輔

チュークへの誘い

初夏のよく晴れたある日、研究室の机の横にある固定電話が鳴り響いた。私が鹿児島大学理学部に教員として着任し、まだ間もないこの頃に掛かってくる電話といえば、諸々の手続き不備についての確認、重要書類提出の催促、はたまた大事なメールを見落としてしまった相手からの抗議、あるいはセールスなどが大部分を占めていた。いずれにしてもまずは「すみません」と謝罪や断りを入れなくてはならないため、あまり心躍る内容ではないことが多かった。今度は何だ……と、半ばぐったりしながら受話器を取り、耳に当てたことを記憶している。しかし、このときの電話の主は思いもよらぬことを言ってきた。

「あんなー、チューク行かへん?」

「はいはい、本当にすみま……（って、チューク……ってどこ?）」

電話を続けたまま左手でパソコンを操作して、検索サイトに「チューク諸島」と打ち込んでみる。すると、何度かの変換ミスのあと、ヤシの木が生い茂る緑鮮やかな島が、真っ青な空と海のはざまに浮かぶ画像がずらりと映し出された。想像通り、絵にかいたような南の島である。

「いいですね！　行きましょう！」

南の島と知るや否や、仕事の内容もろくに理解することなく私は答えていた。こうして、一週間という短い期間ではあるが、ミクロネシア連邦のチューク諸島、その北方にあるピス島という小さな島へ行くことになった。

ミクロネシア連邦のチューク諸島とは

ミクロネシア連邦（Federated States of Micronesia）は、太平洋に浮かぶ六〇〇以上もの島々を有し、東経一三七度～一六三度、北緯〇度～一〇度に広がる東西約二七〇〇キロメートル、南北約一二〇〇キロメートルにわたる自然や海洋環境の豊かな地域である（巻頭図1）。一九八六年にアメリカ合衆国の国連信託統治下から独立した連邦国家で、四つの州（西からヤップ州、チューク州、ポンペイ州、コスラエ州）からなる。

チューク州は、ミクロネシア連邦で最も人口の多い州で、二〇一〇年人口センサスによると四万八〇〇〇人以上の人々が暮らす地域である(1)。チューク州には世界最大級の環礁であるチューク環礁があり、周囲約二〇〇キロメートルの環礁内に大小一〇〇ほどの島々が散在し、そのうち二〇ほどが有人島である(2)。この環礁内の島々がチューク諸島と呼ばれ、本章の舞台となる地域だ（巻頭図2）。

沖縄とチューク諸島の海

私は、南の島とその海が大好きだ。もう十数年前になるが、私は沖縄県に本学を構える日本最南の国立大学、琉球大学で学部生時代を過ごした。大学から車を四〇分ほども走らせると、すぐに美しいサンゴ礁の海にたどりつくことができる。それまで、海自体に対して並々ならぬ憧れを持っていた私にとっては、まさに夢の世界であった。実際、私は時間と所持金の許す限り、スクーバ機材を担いでは海に出かけて、潜りまくる日々を送っていた。明日こそは大学へ行くぞと決意しても、軟弱な意思は真夏の太陽にことごとく燃やし尽くされるのである。当時私は魚類分類学の研究室に所属していたが、指導教員からは、「あんたは雨の日しか大学に現れんな〜」と、嘆かれたこともしばしばだった。本当に、よく大学を卒業できたものだ。そんな私も、今は鹿児島大学の教員の端くれとなったため、大学の講義をサボって海に行くことを堂々と推奨してよいのかはわからない。大人の事情ってやつである。しかし、そうやって私自身が海に潜る日々の中から得たものは非常に大きく、大学に真面目に通うだけでは、まず得られないものであったと思っている。今なお私は沖縄の海に魅了され続け、主な研究の場の一つとしているのだが、その大きな理由は、そこに暮らす実に多様な生物にあることは間違いない。例えば、サンゴ礁を構成する上で欠かすことのできないメンバー、イシサンゴ類は四〇〇種以上(3)、そこに群がる魚類は一〇〇〇を超える種の分布が報告されている(4)。私は十数年間潜り続けて研究をしてきたが、飽きる、ネタが尽きるということがまるでない極上の場所だ。チューク諸島と沖縄は、直線距離で約三三〇〇キロメートルも離れているのだが、海には共通する生物がたくさん存在する。これは、専門的に言うとインド―西太平洋区(5)というものに関連してくる。この生物地理区は、文字通りインド洋から太平洋西部にまでまたがるもので、これを中心に広域分布する熱帯生物も少なくはない。正に、海は繋がっているということを実感できる例の一つである。よって、沖縄とミクロネシア海域に共通する生物も多く存在するのだ。

チューク諸島は、北緯七度付近の北太平洋上に位置し、同様の緯度上には西方にパラオ諸島やフィリピンのミンダナオ島などが並ぶ。特にフィリピン周辺は、世界でも特に生物多様性が高く、コーラル・トライアングルと呼ばれる海域に含まれる。世界自然保護基金（ＷＷＦ）によれば、コーラル・トライアングルには、世界中に分布する八〇〇種弱のサンゴのうち六〇〇種以上が分布し、世界中で最もサンゴの種多様性が高い海域であるという。また、沿岸域に生息する魚類についても、二二〇〇を超える種が分布しているとのことだ。実際に私もコーラル・トライアングルでは、フィリピン、インドネシア、そしてパプアニューギニアの海に調査や趣味で潜る機会に恵まれた。それぞれが独特で、そして魅力的な海であり、一言での説明はとても不可能なのだが、どこも生物の種と量の多さとが際立ち、つまりはただ潜るだけで楽しい海であった。

チューク諸島を含むミクロネシア連邦の海域は、コーラル・トライアングルからは若干外れた場所に位置する。しかし、十分多様性の高い豊かな海であると言えるだろう。チューク諸島におけるイシサンゴ類は三〇〇種前後(6)、魚類についてはチューク諸島を含むカロリン諸島東部から七〇〇種以上の分布報告があるが、実数としては推定一一〇〇種超とする試算もあるようだ(7)。もちろん、海にはサンゴや魚だけが暮らしているわけではない。ウェノ島を拠点に研究を続けている韓国のチームによれば、貝類やイカ・タコを含む軟体動物、エビやカニを含む節足動物、ウニ・ヒトデ・ナマコを含む棘皮動物は、二〇一四年の時点でそれぞれ一〇〇を超える種が、チューク諸島周辺から報告されているという(8)。ほかにもまた、砂の隙間に隠れる線虫、様々な基質に固着するヒドロ虫など、成長しても数ミリメートル程度の大きさにしかならない動物に目を向ければ、その種数は留まるところを知らない。こうした、いわゆるマイナーな動物たちは、ミクロネシア海域ではいまだにほぼ何も調べられていないと言っても過言ではない。実際、私が専門として研究を進めている、様々な海洋生物の体をすみかにする寄生虫の一群は、そのほとんどが一～五ミリメートル程度の大きさにしかならないが、採集される種のほぼすべてがチューク諸島やミクロネシア全域から未記録で、また将来的に新種となるものも数多く発見できることが、行く前から容易に想像できた。だから本当は、今回の旅で出会った至極の寄生虫について、ぜひここで熱く語らせていただきたいのだが、話が大きく逸れて軌道修正はどう考えても難しそうであるため、それはまたいつかの機会にさせていただこう。

ともかく、チュークの海は大好きな沖縄の海よりもさらに南にあって、暖かいことで生物はより多彩で量も多い、さらに島々の小ささや発展の度合いから推測して、人の影響をあまり受けていない極めて良好な状態、つまりは沖縄のおじーおばーから時折聞かされてきた、古きよき沖縄の海に似た状態にあるのではないか、と私はまたしても自分勝手な妄想を膨らませた。

チュークの地を踏む

私は今回、グアム島を経由してウェノ島へと渡った。かつてはトラック諸島と呼ばれ、日本に統治されていたチューク諸島は、第二次世界大戦時に激しい戦闘の舞台となった。陸には多くの戦跡が残り、観光地として有名だ。海には五〇隻を超える船舶や多くの航空機が今も沈んでおり、世界でも有数の沈船ダイビングのスポットでもある(9)。私も沈船ダイビングにはとても興味をそそられたのだが（沈船の暗がりの中には、夜行性や洞窟性の珍しい生き物が隠れ住んでいることがあるし！）、とても残念なことに今回その時間はなさそうである。

しかし、そこは何とか時間を作り、ウェノ島の中心部にある鮮魚店をのぞいてみた。そこにはチューク諸島の様々な島から漁獲物が集まってきているようだ。素潜りのモリ漁でとらえたと思われるハタ、フエダイ、フエフキダイ、コショウダイといった大物の魚たち。釣り上げられたと思しきカツオたち。そして、ある鮮魚店ではクーラーボックス一杯のニジハギが売られていた。驚いたことに、この店ではどの魚もすべて同じ値段で取引されていた。丸々と太ったカツオも、カラフルな熱帯魚のニジハギも、区別されることなく同じ値だ。もちろん、サイズによって値段も変わるが、重さ（ポンド）ごとの単価は一律である。これは、魚の味にうるさい日本人の感覚からすると、にわかには信じ難いことではないだろうか。ちなみにニジハギは、日本でも沖縄や奄美の海で泳げば普通に見ることができるが、流通することはあまりない魚である。また、素潜り漁の獲物のクーラーボックスにも、ハタやフエダイに混じって、アカマツカサやチョウチョウウオといった、こちらもあまり食用としては

カツオと同じ値で売られていたニジハギ

ウェノ島で売られていたカツオおよびスマ

馴染みのない魚たちが頭をのぞかせていた。後にして思えば、チューク諸島に対して、（勝手な）古きよき沖縄のイメージを重ね合わせてやってきた私は、この時微かな違和感を覚えたのだが、ウェノ島の探検はあまりにも駆け足であったために、それはすぐに吹き飛んでしまった。

ウェノ島にはわずか一晩のみの滞在しか予定されておらず、早くも翌日の午前中には、北におよそ二五キロメートル弱に位置するピス島へと向かうことになっていた。今回の旅における私の主な目的の一つは、ピス島の周りにいる海洋生物について、ざっとではあるが、自分の目で直接見て調べることにあった。私は海洋生物の研究を行っているのだが、できる限り海へと出かけ、そして潜って調査を行うようにしている。もちろん、ほかの研究者やプロのダイバーの方からも、貴重な生物の標本を譲り受けたりすることはあるが、やはり自分自身で直接海へ潜って研究をするのが好きだし、そうすることで見えてくることも多い。今回のチューク諸島調査も、初めての海に心が躍らないわけがない。日ごろから妄想が大好きな私の頭の中には真っ青で自然豊かな海が広がり、まだ見ぬ魅惑の熱帯海洋生物がひしめき合っている勝手なイメージができ上がっていた。ただ、事前に聞いていた話では、ピス島はとても小さくて、何もないとのことだ。私の調査ではほぼ必須と言ってもよいほどよく用いるスクーバダイビングも、設備上の問題から今回実施は難しい、というか無理ということである。これまでにも幾度となく小さな島などで潜ってきた私だが、それほどまでに何もない場所には行ったことがない。まあ、それなら今回はスノーケリングで頑張ることにしよう。あまり外部の人が訪れない場所なら、きっと魚もサンゴもそのほかの生き物も豊富にいるだろうし、もしかしたらものすごい発見だってあるかもしれない。実際に私が目にしたピス島周辺の海と生き物たちについては、第二部第三章で詳しく述べることにする。

注

(1) ミクロネシア連邦統計局 http://www.fsmstats.fm/（二〇一七年一〇月参照）
(2) 小林　泉・加藤めぐみ・石川栄吉・越智道雄・百々佑利子監修『新版　オセアニアを知る事典』（平凡社、二〇一〇年）
(3) 西平守孝『日本の造礁サンゴ類』日本サンゴ礁学会（海游舎、一九九五年）
環境省編『日本のサンゴ礁』（環境省、二〇〇四年）
(4) 中坊徹次編『日本産魚類検索全種の同定　第3版』（東海大学出版会、二〇一三年）
(5) 西村三郎『地球の海と生命―海洋生物地理学序説』（海鳴社、一九八一年）
(6) Maragos, J. E. 1997. Coral reef health in the Central Pacific. In: Status of Coral Reefs in the Pacific (Grigg, R. W. and Birkeland, C. eds.), 3-29, University of Hawaiʻi Sea Grant College Program Publication, Honolulu.
(7) Myers, R. F. 1989. Micronesian Reef Fishes: A Practical Guide to the Identification of the Coral Reef Fishes of the Tropical Central and Western Pacific. Coral Graphics Production, Guam.
(8) Park, H. S., Oh, J. H., Kim, S. W., Kim, T. H., Kim, T. H., Choi, H. W. and Chung, M. Y. (eds.) 2014. Environment of the Chuuk Lagoon. Korea Institute of Ocean Science and Technology, Korea.
(9) Jeffery, B. 2008. Diving World War II Wrecks of Truk Lagoon: Earthwatch 2008 Expedition Briefing and Forms. Available at: http://www.earthwatch.org/briefings/jeffery_briefing.pdf

ゴカイがつなぐ人と人

坂口　建

みなさんは、ゴカイと聞いてどのような生き物か想像できるだろうか。釣り人ならともかく、一般の人で知っている人は少ないだろう。ゴカイとは、海にいるミミズのような生き物で、分類学的には環形動物門多毛綱に属する生き物の総称だ。ゴカイは様々な色やかたちをしており、浅瀬から深海まで幅広く生息している。その中で私は、浅瀬に生息するゴカイの分類研究を行っている。本コラムでは、私が大学院在学時にチューク諸島のウェノ島を訪れ、ゴカイを採集しているときに経験したことを紹介したい。

まず一つ目は、ウェノ島の波止場でピス島行きの船を待っていたときのこと。砂地が広がっていたので、石をひっくり返してゴカイを探してみた。大きな石をひっくり返すと、いた、イワムシだ。日本にも生息するゴカイで、釣り餌としてはホンムシなどの名で流通している。採れたイワムシを袋に詰めていると、少し離れたところから高齢男性が不審なまなざしで私を見ていた。そりゃそうだ。外国人が公共の波止場でスコップ片手に、手当たり次第に石をひっくり返していたら不審がるのが当然だろう。ここは先手必勝（?・）、採れたばかりのイワムシを持って自分から島民に話しかける。まず挨拶、そして日本から来たことや研究でゴカイを採集していることをつたない英語で話した。なんとか伝わったらしく、どんなのが採れたのか聞かれたので、イワムシを渡して見てもらった。島民はまじまじと眺め、こんな生き物がいるのか、と納得した様子で去って行った。

そして二つ目は、ウェノ島を車で回って調査をしたときのこと。ウェノ島では舗装された道路が少なく、ほとんどがデコボコ道だ。だから車での移動と言っても速くは走れない。時速一〇キロメートル以下で走っても、車内は終始上下に揺れる。そんな状態の中、島の北東部の海岸線を回り、ゴカイがいそうな環境を見つけては車を停め、石をひっくり返してゴカイを探した。マングローブが広がる海岸では、どこからともなく島の子どもたち数人が近づいてきたが、すぐ近くまでは寄らず、大きな木の下に集まって私の採集風景を物珍しげに眺めていた。そこでゴカイを採り、また車を走らせると、今度は石干見〔注〕のある海岸に出た。ここにはゴカイがいる！と研究者の勘が私に語りかける。だが車から降りて一つ問題が生じた。すぐそばに民家があるのだ。ウェノ島では海岸でも私有地になっていることが多く、採集するなら島民に交渉をしなければならない、と事前に聞いていた。勇気を出して民家に近づき、窓ごしに挨拶をしてみた。屋内ではぽっちゃり目の女性が寝転んでこちらを不思議そうに見ていた。私は、英語で日本から来たことを伝え、ここでゴカイを採ってもいいか、と尋ねた。その女性は笑顔でいいですよ、と答えてくれ、この海岸での採集が始まった。採集をしていると先ほどの民家の中からいかつい成人男性数人が出てきた。

その男性らは私の採集風景を少し観察した後、海岸にしゃがみ込み、石をひっくり返しはじめた。ゴカイを探しているらしい。しばらくするとゴカイを見つけたらしく、笑顔で私に持ってきてくれた。どうもこの島の住民らはとてもフレンドリーなようで、今回の旅でのゴカイ採集に大きな助けとなった。

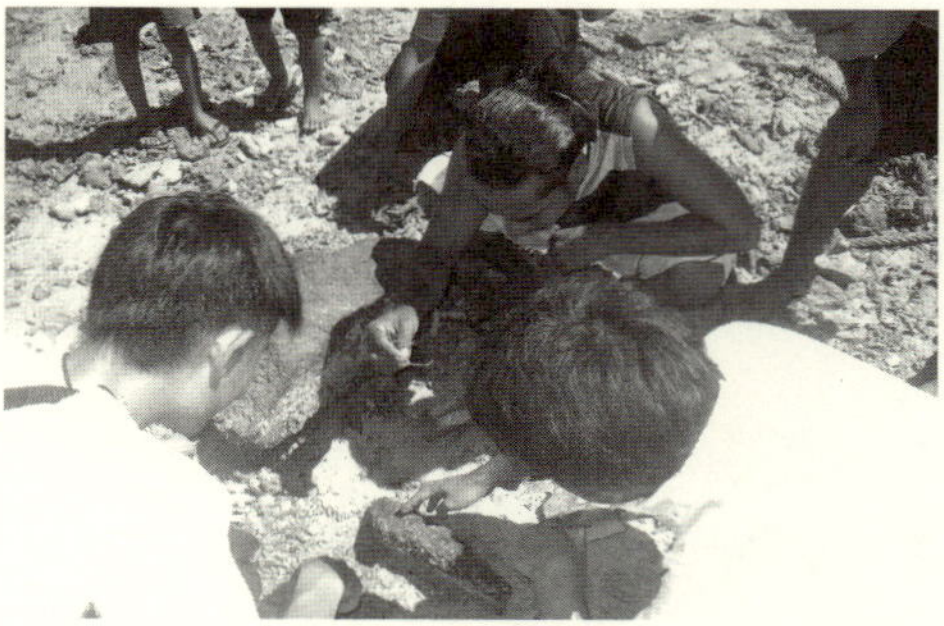
石干見にて島民とのゴカイ採集の様子

さて、ウェノ島で見つけたゴカイだが、特に珍しい種ではなく、フィリピンやオーストラリアで記録されていたゴカイだった。実はこのウェノ島で採れたゴカイだが、先に述べたように日本にも生息している。このような出逢いは貴重だ。見つけたときにはまるで、旅先で昔なじみの知り合いに再会したかのような高揚感に包まれた。海はつながっている。しみじみとそう感じた滞在だった。

〔注〕
イシヒビ、イシヒミとも読む。沿岸に石を積み上げ、潮の満ち引きを利用し、石積みの内側に取り残された魚介類を捕る伝統的な漁法のこと。

第二章　陸域の環境

川西基博

本章ではミクロネシアの陸域の環境について紹介していくが、まず「環境」について確認しておきたい。環境について考える時に認識しないといけないのは、環境に対する主体である。日常会話の中で私たちが用いる「環境」の主体は、ほとんどの場合は人間（または「私」）であることが自明であるので、何の環境なのか特に確認することはないだろう。しかし、「環境」の主体は、人間に限られるわけではなく、動植物など人間以外の生物の場合もある。つまり、環境とは「人間やそのほかの生物などの主体をとりまくもの」であり、様々な要因の総体である。主体となる生物に対してどのような環境要因が、どのように影響を及ぼすのかを明らかにすることは、その生物の生活を理解する大きなカギとなる。

環境要因としてまずイメージされるのは、空気や水など物理化学的な要因であるかもしれないが、生物も環境要因になる。このことは日常生活の中ではあまり意識されないが、魚介類や肉、野菜など食物となる様々な生物は私たちが生きていく上で不可欠だし、家族や友人、職場や学校の人たちも生活環境をつくる大きな要因である。一方、植物や動物などを主体とすれば、私たち人間はその環境要因の一つとなる。以上のように、環境要因は、気温、水、空気などの物理的環境と、食物、捕食者、同種の個体といった生物的環境のように区別して認識される。

環境要因は何らかの影響を主体に及ぼすのであるが、それは一方通行ではない。主体も環境に影響を及ぼす場合がある。例えば、植物と空気の関係を考えた場合、空気の二酸化炭素濃度は植物の光合成による吸収によって減少し、逆に酸素濃度は増加する。また、生物の間で食べたり食べられたりすることもある。このような主体となる様々な生物と環境要因とが相互作用することによって成立しているのが生態系である。本章では、ミクロネシアおよびチューク諸島における陸域の生態系を理解することを目的として、いくつかの環境要因を紹介していきたい。

気候

最もスケールの大きな環境要因である気候から理解するために、まず太平洋におけるミクロネシア連邦の位置を確認しておきたい。ミクロネシア連邦の島々は、東経一三七度～一六三度、北緯〇度～一〇度の範囲に広く分布している（巻頭図1）。日本は北端がおよそ北緯四五度、南端がおよそ北緯二四度なので、それに比べるとずいぶん南方に位置している。日本の大部分が温帯に属するのに対し、ミクロネシア連邦は熱帯に属し、気候区分としては熱帯海洋性気候である。熱帯というくらいなのでおそらく暑いのだろう、と想像されるが、日本と比べてどれくらい違いがあるのだろうか。

ミクロネシアのガイドブックをみてみると、「ミクロネシアの気温は二一～三二度、湿度は七〇％を超え、一年を通して暖かく湿潤であり、季節変化は小さい。快適な月は一二月から三月にかけてで、その時期は雨が少なく幾分湿度が低い。やや涼しい気候で北東の貿易風が爽やかである」とある[1]。なるほど、やはり一年中暖かだ。でも、日本の夏のように最高気温が四〇度に迫るほどの高温ではないようである。

気温は気候を決める要因として最も重要である。地球上の気温は、大局的には低緯度から高緯度にかけて変化していく傾向があり、低緯度から順に熱帯、温帯、寒帯といった気候帯に区分される。この気候帯として理解されている環境の変化の根源は、太陽光（太陽放射）が一定面積の地球表面にもたらすエネルギー量の違いである。赤道付近ではエネルギー量が最も大きく、南北の極では最も小さい。この太陽光によって供給されるエネルギーと地球から放出されるエネルギーの差し引きが、地表面に供給される正味のエネルギー量であり、それは赤道に近い地域ではプラス、極地方ではマイナスとなっている。赤道付近では暑く、極地方では寒いので当然のように思うかもしれないが、供給されるエネルギー量の収支のみを考えると、プラスの赤道付近ではどんどん暑くなり、マイナスの極地方ではどんどん寒くなることになる。しかし実際にはそうはなっておらず、それぞれの地域の気温は、暑かろうが寒かろうが一年を平均すれば、毎年ある程度一定に保たれている。それは、地球上の大気と海洋が循環することによって、低緯度地域から高緯度地域に向かって熱としてエネルギーが運ばれているからであり、これがある程度安定した各地の気候を作っている。

気候を決めるもう一つの大きな要因は降水量である。空気に含まれた水蒸気が飽和することで気体の状態を保てずに水滴となる。飽和水蒸気量は気温の低下によって小さくなるので、大気において空気が上昇し温度が低下すると水滴が発生する、すなわち雨が降るのである。上昇気流は、空気が暖められたり、温度の違う空気がぶつかったり、周囲から空気が流入することによって発生する。したがって、地球上で最も暖められている熱帯は、上昇気流が起こって雨の降りやすい地域となっており、熱帯で上昇した空気が降りてくる中緯度では雨の降りにくい地域となる。この空気の流れはハドレー循環と呼ばれ、暖められた空気が上昇する赤道付近を熱帯収束帯（赤道低圧帯）、上昇した乾いた空気が下降してくる緯度約三〇度付近を亜熱帯高圧帯と呼んでいる（図1）。熱帯収束帯から亜熱帯高圧帯の間は貿易風の卓越する地域であり、ミクロネシア連邦の島々はこの領域に位置している。

では、実際に太平洋の島々の雨の状況はどのようになっているのだろう。ミクロネシア連邦のポンペイ島やチューク諸島を訪れた際には、雨がよく降り湿度が高くジメジメしていると感じたし、乗り継ぎで立ち寄ったグア

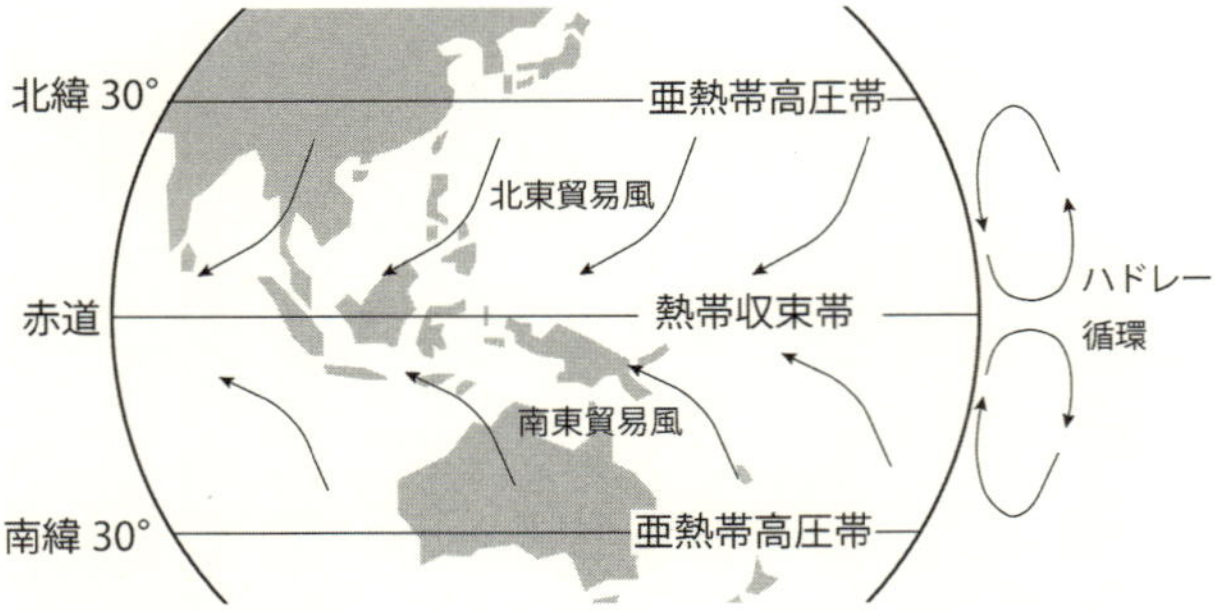

図1　ハドレー循環

ム島も似たような感じであった。ハワイ諸島については、旅行をしたことのある人に話を聞いてみると、日差しは強いが湿度は低くカラッとしてとても過ごしやすかったという。そのほかの島の雨の状況をガイドブックで参照すると、マーシャル諸島北部やフェニックス諸島では、ほとんど雨が降らないとある[1]。湿度の体感は降水量のみで説明できるものではないが、各地で大きく違いがありそうだ。

一九八一年から二〇一〇年までの年間降水量の平均値をミクロネシア連邦の四州で比較すると、コスラエ島では四九一〇ミリメートル、ポンペイ島では四六〇二ミリメートル、チューク諸島のウェノ島では三四一七ミリメートル、ヤップ島では三〇七一ミリメートルとなり、東側よりも西側のほうが比較的降水量が少ない[2][3]。日本の年間降水量は、東京では約一五〇〇ミリメートル、私の住んでいる鹿児島市では約二三〇〇ミリメートルなので、ミクロネシアの降水量は日本よりもずいぶん多い。一方、オアフ島のホノルルでは約五〇〇ミリメートル程度、マーシャル諸島北部やフェニックス諸島では五〇〇ミリメートル未満であり[3]、こちらは日本よりもずいぶん雨が少ない。雨が多い熱帯で、このように地域によって降水量に大きな差があるのはなぜだろうか。

ここでも大気の循環が関係しているが、それに加えて海面温度の分布と海水の循環を理解しておかないといけない。熱帯における太平洋の海面水温は、一年を通して東部よりも西部の方が高い状態となっている[4]。これは、東から西へ吹く貿易風と地球の自転の影響で、海面表層の海水が西側へ押しやられ、その流れにしたがって、太平洋東側の南米大陸沿岸では深層の冷たい海水が湧き上がっているためである。このような海水温の分布がある

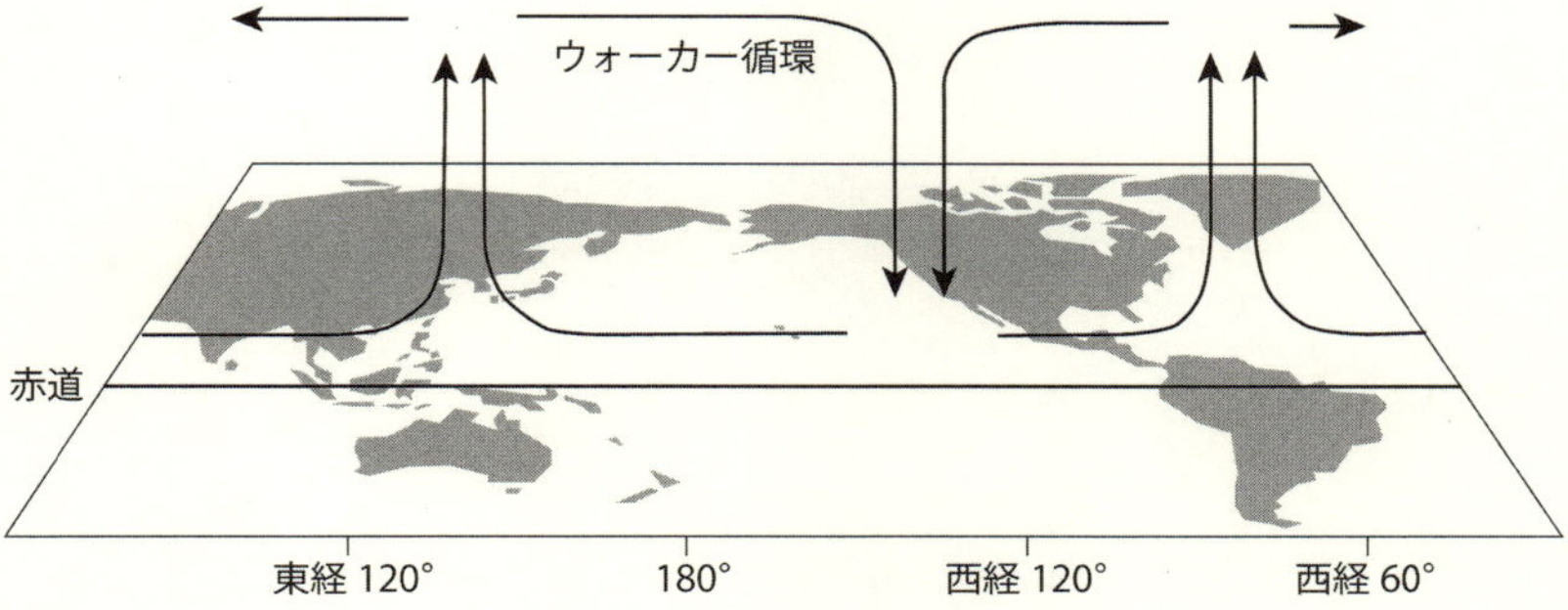

図２　ウォーカー循環

ので、太平洋西部の大気は温められて上昇し降水量が多くなる。上昇した気流は東に向かい、海面水温の低い太平洋東部の海域で下降し、気圧が高くなって降水量は少なくなる。この大気の循環はウォーカー循環と呼ばれ、先に述べた貿易風が東寄りの風になる原因となっている（図２）。こうして東西方向の大気と海洋の循環が維持されている。

ハドレー循環によって、赤道付近の熱帯収束帯域では全体的に降水量が多いが、さらにウォーカー循環の影響で、太平洋の東西に降水量の差が生じる。このため、太平洋東部のアメリカ大陸沿岸の赤道をまたいで南北には乾燥地帯が成立しているが、太平洋西側にはそのような乾燥地帯は成立せず、大局的に見れば、太平洋の中央部から西側に向かって降水量が増加する傾向がある。太平洋において特に雨の多い地域は大きく三つに分けられ、その一つは西のパラオ諸島から東のコスラエ島までのカロリン諸島に相当する[5]。ミクロネシア連邦はちょうどこの地域にあてはまる。残りの二つは太平洋北中央部のライン諸島の北部、キングマンリーフからファニング島（タブアエラン島）にかけての地域と、太平洋南西部のサンタクルーズ諸島とソロモン諸島を中心とした地域である。ハワイ諸島やマーシャル諸島北部はこれらの地域よりも北にずれているため降水量が少ない。

このように、各地の降水量は主に大気の循環によって決まってくるが、エルニーニョ現象が発生すると、循環の状況が変化し、異常気象と呼ばれる事態が各地で引き起こされる。エルニーニョ現象とは、太平洋赤道域の日付変更線付近から南米沿岸にかけて海面水温が平年より高くなり、その状態が一年程度続く現象である(6)。日本では、夏の気温が平年より低くなったり、暖冬になったり、台風の発生数が減少するなどの影響がみられるため(4)、テレビの気象予報などでもよく耳にするようになった。熱帯太平洋ではエルニーニョ現象が発生すると、平常時より東風が弱まり、南米沿岸の湧昇流が少なくなって太平洋東側の海面水温が高い状態になるため、上昇気流の発生する地域が東へずれる。これが、各地の降水パターンに大きな変化を引き起こす。サンゴ島のような小島では、特にエルニーニョ現象の影響が深刻になる場合がある。ミクロネシア連邦では冬から春の間のエルニーニョ現象発生時に干ばつが生じ(2)、サンゴ島の地下水の量や塩分濃度に強く影響するからである。これについては後述する。

陸水

降水量が環境要因として重要なのは、陸上の淡水の供給源だからである。淡水は陸上の生物にとって欠かせない資源で、それがどの程度利用できるかでその地域の生物の生活が決まる。日本の陸上生物は、河川、湖沼、地下水などの淡水を利用しており、人間はダムやため池を建設して淡水利用の効率化を図っている。ポンペイ島やコスラエ島のように、面積が大きく標高も高い火山島では、日本と同様に河川が発達しており、それを水の供給源とすることができる。前節でポンペイ島とコスラエ島の低地では年降水量が五〇〇〇ミリメートルに近いことを紹介したが、山地上部ではその二倍ほど、一万ミリメートルに近い降水量があるといわれている。貿易風が急峻な地形に沿って上昇気流となり、急速に冷やされることによって雨が発生するからである。このように、ポンペイ島やコスラエ島では、まとまった降水があり、降った雨は山地の斜面に浸透して地下水としてゆっくり移動し、河川として低地に流れてくるため、動植物や人間が利用可能な淡水が豊富である。ちなみに、日本の

小さなサンゴの島（ポンペイ州ピンゲラップ環礁）

山地でも同じ現象がみられる。最も雨の多い地域の一つである屋久島では、年降水量は低地（東部～南東部）で約四五〇〇ミリメートルであるのに対し、標高の高い地点では七〇〇〇ミリメートル以上、最も多いところで一万ミリメートル近い(7)。太平洋で最も高い降水量を示したのはハワイ諸島カウアイ島のワイアレアレ山（標高一五六九メートル）であり、そこでは年降水量が一万二〇〇〇ミリメートルに達したという(5)。

一方、環礁上などにある小さなサンゴの島では事情が異なる。降水量の多い地域であっても、小さなサンゴ島での生活においては、淡水は特に制限された資源である。著しく平坦で標高は数メートル程度しかない。そのため川はほとんど発達せず、水利用において地下水が重要になる。雨として供給された淡水はすぐに島から海に流出するわけではなく、一旦地下に浸透するのであるが、比重の異なる海水と淡水は直ちには混じり合わない。それぞれは明瞭な境界を持って隣接し、比重の小さい淡水が、比重の大きい海水の上に乗る状態で維持される。このとき、淡水の地下水は全体としてレンズ状のかたちで貯留されることから、淡水レンズ、地下水レンズなどと呼ばれる（ガイベン・ヘルツベルグのレンズ Ghyben-Herzberg lens としても知られる）。淡水レンズは地下にある多孔性の岩石や砂層に含まれるかたちで存在し、その大きさは島の土地面積と地形に関係していると言われる(2)(8)。

ミクロネシア連邦の環礁の小島における淡水レンズの厚さは、島の面積との間に正の相関関係がみられ、例えば幅が約五〇〇メートルの島では、淡水レンズの厚さはおよそ四メートル程度であることが明らかになっている(2)。これは環礁の中で風上側に位置する小島の場合で、風下側に位置する島では、レンズの厚さがより厚くなる傾向がある。この傾向は、ヤップ州、チューク州、ポンペイ州の間で大きな違いはない。淡水レンズの厚さ、つまり地下水の量は常に一定ではなく、潮汐による海面の上下、降雨による水の供給、植物や人間による吸収に影響を受けて変動する。水の供給が多く、地下での許容量を超えた場合は、水は海に流出する。また、高潮などによって海水が島内に達した場合は、塩分が混じって淡水の品質が低下してしまい、その回復に数カ月を必要とする(9)。

一方、干ばつは降水による水の供給を減少させるので、淡水レンズを衰退させる最大の要因となる。先に触れたように、ミクロネシア連邦での干ばつは、典型的には冬から春の間のエルニーニョ現象によって生じる。一九九八年に起こった干ばつでは、ミクロネシア連邦全体で著しく降水量が少なく、約五メートルも淡水レンズの厚さが減少したと推定されている(2)。

淡水レンズを縮小させるもう一つの要因として、地球温暖化と氷床の融解による海面上昇の影響が危惧されている(9)。海面が上昇すると、サンゴ島の地下に浸透している海水面も上昇するので、海水の上に乗っている淡水レンズも押し上げられることになる。押し上げられて地上に出た地下水は周囲の海に流出していくので、底上げされるかたちで淡水レンズの厚さが薄くなり、そこに蓄積される淡水の量が減少すると考えられる。

このレンズの地下水を人間が利用するには、①ココヤシやそのほかの植物が吸収した地下水をココナッツジュースや果汁として利用する、②潮汐に応じて水面が上下するので干潮時に島の縁から流れ出す水を入手する、③穴を掘ってそこから地下水を得る、の三つの経路があるという(9)。穴を掘って地下水を利用する方法として、伝統的にはサトイモ科作物の耕作地がよく知られているが、井戸を掘って地下水を直接利用することも一般的に行われている。ただ、井戸から得られた水は飲用には不向きで、もっぱら洗濯や体を洗うことに用いられているようだ。清潔な水は、建物の屋根を利用して集めた雨水をタンクに貯留し、利用している(10)。

台風

一般的に、熱帯低気圧は、南北半球ともに八度〜二五度の間で発生し、赤道地方（北緯五度〜南緯五度）の間では発生しない[11]。北半球の熱帯太平洋では、台風はミクロネシア西部、特にマリアナ諸島やヤップ諸島あたりで頻繁に発生する。台風の発生頻度は東ほど少なく、マーシャル諸島ではほとんど台風は襲来しない。チューク諸島周辺は台風が発生しても勢力が発達する前であるため、大きな影響は受けにくい地域であると言える。しかし、エルニーニョ現象が発生している年の間は、台風の発生場所は東側にずれることが知られている[12]。

生態系

ここまでに紹介してきた気温と水、つまり気候は、物理的環境要因として生物の生活に大きく影響を及ぼす。植物は光合成によって太陽のエネルギーを取り込み、水、二酸化炭素、無機物から有機物を合成するため、特に気候の影響が表れやすい。植物の集合体である植生は地域の気候をよく反映することが知られており、ケッペンの気候分類における熱帯雨林気候やサバナ気候のように植生のタイプがそのまま気候の名称になっている場合もある。植物の生産した有機物は、草食動物に食べられ、草食動物は肉食動物に食べられる。これらの動物は、植物やほかの動物の有機物を使って生活する消費者である。また、これらの動物の死体や排泄物および植物の枯死体や落葉落枝は、地面や土中にいる土壌動物、菌類、バクテリアなど分解者と呼ばれる生物に利用され、その過程で無機物に分解されていく。分解された無機物は再び植物に吸収され、光合成によって獲得されたエネルギーをもとに有機物に合成される。このようにして生物間をエネルギーが移動していき、各種の物質が生物の間を循環していることで生態系が成り立っている。植物が合成した有機物は、人間も含めた動物に直接的、間接的に利用されることから、植物は生態系の中での生産者と位置付けられ、動物の生活を制限する環境要因として重要である。このことから、次節では生態系を理解する上でまず注目すべき生物群として植物に注目し、その生育状況について紹介していきたい。

ミクロネシア連邦の自然植生

ミクロネシア連邦の島々は、一年を通して気温が高く、まとまった降水量のある気候であるため、植物にとって生育に適していない季節がほとんどない。したがって、植物は一年中葉をつけて成長を続けるものが多く、自然植生としては常緑広葉樹林が成立する。一般的に、熱帯の多雨気候で成立する常緑広葉樹林は、熱帯多雨林と呼ばれており、高い気温と十分な水分条件に支えられて生物多様性が著しく高いことが知られている。ミクロネシア連邦の島々は緯度的に熱帯の気候帯に収まるが、大陸と地続きになったことのない海洋島の地史的な要因によって、東南アジアの熱帯多雨林とは異なる特徴をもつ森林となっている。その特徴の一つは、ミクロネシア連邦の森林における植物の種の多様性（α多様性：生息場所または群集内部での種多様性）が、同じ温度帯に位置する大陸のそれと比べて小さいことである(13)。一方で、島によっては固有種が見られたり、それぞれの島ごとに異なる植生・生態系が成立したりするなど、特異性として認識される特徴もある。これらのことから、地球上の生物の多様性を考える上では大変重要な地域として注目される。

太平洋島嶼における植生の種組成・構造は、地形や地理的条件に応じて変化し、地域的な違いがみてとれる。マーシャル諸島、ギルバート諸島、カロリン諸島、マリアナ諸島を含むミクロネシアの植生は、次の一〇タイプに分類される(5)。

①マングローブ
②海岸植生
③環礁と低いサンゴ島の植生
④隆起サンゴ礁・石灰岩地の植生
⑤海岸平野の植生（湿地林を含む）
⑥低地の多雨林
⑦山地の多雨林と雲霧林
⑧山頂部の矮性植生
⑨溶岩流上の植生
⑩サバナまたは草原植生

このうち、チューク諸島で成立する植生タイプとしては、マングローブ、海岸植生、環礁と低いサンゴ島の植生、海岸平野の植生、低地の多雨林である。それ以外のタイプは、チューク諸島では見ることはできない。隆起サンゴ礁または石灰岩地の植生がよく発達しているのは、マリアナ諸島南部、パラオ諸島南部、ヤップ諸島、ナウル島などである。山地の多雨林と雲霧林、および山頂部の矮性植生は、標高の高い山地においてみられる森林で、ポンペイ島とコスラエ島のみにみられる。溶岩流上の植生はマリアナ諸島北部の活発な火山活動がある島でみられ、サバナまたは草原植生はグアム島で規模の大きいものが認められる。

ホウガンヒルギの優占する発達した群落（ポンペイ島）

オオバヒルギのタコ足のような支柱根（ポンペイ島）

マングローブと海岸林

マングローブは熱帯から亜熱帯において、河口域などの干潮域に成立する森林である。干潮時は根元が露出するものの、満潮時は満ちた海水に根元が浸される。このような立地特性があるので、マングローブの樹木は呼吸をするために、地面から針のように突き出したり、タコ足のように変化して空中に伸び出たりする根を持っている。この独特の樹形が、熱帯の雰囲気を醸し出すので、観光案内にもたびたび登場する。日本においては奄美大島や西表島などに規模の大きなマングローブがある。

ミクロネシア連邦のマングローブはポンペイ島、コスラエ島によく発達したものが知られていて、これまでに多くの研究が行われてきた。樹高が三〇メートルを超えるような、発達した群落が残存しているところもあるという(14)。日本はマングローブの北限域にあたるため、そのような樹高の高い群落はみられず、最大規模の西表島の群落でも二〇メートルには達しない。チューク州では、チューク環礁内の火山島の周辺に面積的には規模の大きいマングローブが成立しているが、ポンペイ島ほど発達した林分（林の様相の区別）はみられない。

マングローブの背後に位置するのが、海岸平野の植生である。チューク諸島、ポンペイ島、コスラエ島、サイパン島の西海岸、グアム島などで見

海流散布植物のゴバンノアシ（ピス島）

ココヤシの手前に背の低い樹木と砂浜の草本群落が成立している（ピス島）

られるが、比較的規模は小さい。もともとの自然植生は、おそらく低地の多雨林と同様だろうと予想されるが、そのような森林はポンペイ島とコスラエ島の一部に残存するのみで、ほとんどは開発されている。海岸部は低平地であるため、様々な果樹、作物の栽培に利用されていることが多い。海岸林は岩石海岸や砂浜に成立する植生であり、ココヤシのために伐採されることがなかったわずかな地域に残存している。全体的に低木が多く、森林の高さは一〇メートル以下であることが多い。ゴバンノアシ、ハテルマギリ、モモタマナ、テリハボク、モンパノキ、キバナイヌチシャ、トゲミウドノキ、アダンなどが主要な構成種である。ハテルマギリ、テリハボク、モモタマナ、アダン、モンパノキなどは沖縄の島々の海岸でもよく見られる植物である。これらの中には果実が水に浮きやすく、海流に乗って遠くまで運ばれる海流散布植物が多い。この特徴を持つ植物として最も有名なのはココヤシだが、それ以外にも太平洋の島々で散布された種子が、黒潮に乗って遠く離れた日本まで流れてきているのである。

チューク諸島の森林植生

チューク諸島は、環礁内や環礁上の多数の島からなるのが特徴である。最も高い山は、トル島のウィニポット山で、山頂は標高四四三メートルに達する。それ以外にもウェノ島、トノアス島、フェフェン島など、標高が三〇〇メートルを超えるいくつかの比較的大きな火山島がある。第二次世界大戦中、チューク諸島には日本海軍の基地が建設され重要な拠点となっていたことから、アメリカ軍との戦闘で大規模な空襲を受け、軍事活動により植生が大きく破壊された歴史がある。これは、数千年前に人間がミクロネシアの島々にたどり着いて利用しはじめてから現在までの長い植生変化の歴史の中で、最も大きなインパクトであったと考えられている(5)。チューク諸島のマングローブには発達したものが見られないことを前節で述べたが、それは爆撃された船から流出した燃料が発火し、大部分のマングローブが焼失したことに起因するという(5)。

人間による開発が活発化する以前、チューク諸島の山地や低地にどのような植生が成立していたのか大変興味のあるところだが、残念ながらそれに関する十分な情報はない。ただ、気候と断片的に残存している自然植生の記録からみて、熱帯雨林が自然植生であるのは間違いないと思われる。先に述べたように、ミクロネシアの熱帯雨林は植物の種多様性が大きいとはいえないのだが、大陸ではみられない固有種を含む独特な森林であったと考えられる。金平亮三は『南洋群島植物誌』にミクロネシアの島々の植物についてまとめており、チューク（原文ではトラック）諸島については表1のような固有植物を挙げている(15)。このうち、カイノキモドキ、ウルサ、オオバハヅモドキ、トラックフクギ、ナンバンムクロジは金平が当時新種として記載したチューク諸島の固有種である。以上の種はその後の分類学的研究によって、系統的位置付けが整理されたものがある一方で、いまだに分類学的位置付けがはっきりしないものもあるとはいえ、このようにチューク諸島の火山島の森林で多くの固有種が確認されてきた事実は特筆すべきであろう。しかしながら、今では多くの種が絶滅の危機に瀕しているという。少なくとも、ウルサとオオバドクウルシの二種は、一九八八年時点で、トル島のウィニポット山の山頂で確認されているが、極めて小さな個体群だったようだ。現在の状況は不明である。

金平の記録は日本統治時代のもので、第二次世界大戦の戦闘による破壊よりも前の時期にあたる。チューク諸島の植生の概況として「緩傾斜をなす山麓の森林はほとんどが開墾または伐採せられ、ココヤシ、パンノキが多

表１　金平亮三が『南洋群島植物誌』で報告したチューク（原文ではトラック）諸島の固有種

科名	和名	学名 *1	現在の分類学的位置づけ *2
アカネ科	カイノキモドキ	*Rhopalobrachium megacarpum* (Kaneh.) Kaneh.	*Atractocarpus carolinensis* (Valeton) Puttock のシノニム、カロリン諸島の固有種
アカネ科	カロリンミサオノキ	*Randia carolinensis* Val.	*Atractocarpus carolinensis* (Valeton) Puttock のシノニム、カロリン諸島の固有種
アカネ科	（和名なし）	*Amaracarpus kraemeri* Val.	分類群は未解決（*Psychotria hombroniana* var. *carolinensis* (Valeton) ined. のシノニムとする見解がある）、カロリン諸島の固有種
ウコギ科	ウルサ	*Schefflera pachyclada* Kaneh.	*Schefflera kraemeri* Harms のシノニム、チューク諸島の固有種
ウルシ科	オオバハヅモドキ	*Cleistanthus morii* Kanehira	種として承認、チューク諸島の固有種
ウルシ科	パナウ（オオバドクウルシ）	*Semecarpus kraemeri* Lauterb.	分類群は未解決
ツチトリモチ科	（和名なし）	*Balanophora pedicellaris* Schltr.	*Balanophora fungosa* subsp. *indica* (Arn.) B.Hansen のシノニム、リュウキュウツチトリモチの亜種
フクギ科	アンマレン（オオバフクギモドキ）	*Pentaphalangium carolinense* Lauterb.	分類群は未解決（*Garcinia carolinensis* (Lauterb.) Kosterm. のシノニムとする見解がある）
フクギ科	トラックフクギ	*Garcinia trukensis* Kaneh.	*Garcinia ponapensis* var. *trukensis* (Kaneh.) Fosberg のシノニム
マメ科	オオバハツバキ	*Cynometra yokotai* Kanehira	*Maniltoa yokotai* (Kaneh.) Hosok. のシノニム
ムクロジ科	ナンバンムクロジ	*Mischocarpus guillauminii* Kanehira	分類群は未解決（*Cupaniopsis guillauminii* (Kaneh.) Adema のシノニムとする見解がある）
ヤシ科	シマオトコヤシ	*Bentinckiopsis carolinensis* Becc.	*Clinostigma carolinense* (Becc.) H.E.Moore & Fosberg. のシノニム、チューク諸島の固有種
ラン科	（和名なし）	*Bulbophyllum ponapense* Schltr.	*Bulbophyllum betchei* F.Muell. のシノニム、スマトラ島・ジャワ島・ボルネオ島・ニューギニア島などから西太平洋に分布

*1：金平亮三「南洋群島植物誌」での学名。
*2：The Plant List (http://www.theplantlist.org/) に掲載されている当該種の位置づけ。

い」と説明されており、低地の大部分は現在と同様に食料生産地として利用されていたようだ。一方、先述の固有種に関する記載では、トラックフクギは「水曜島（トール）及び秋島（フェフハン）の、海抜四五〇〜五〇〇メートルの原生林中に散在す。高さ一五メートル、直径四〇〜五〇センチメートル、直幹を有す」と記され、カイノキモドキでは「水曜島、春島、秋島にて採集す、三〇〇メートル以上の原生林中最も普通なる小喬木」とされている。このように、「原生林」という語がたびたび用いられていることや、オオバハツバキの直径は約七〇センチメートルに達し、そのほかの樹種でも直径五〇〜六〇センチメートルの記載がみられることから、標高の高い山地を有する水曜島（トル島）、春島（ウェノ島）、秋島（フェフェン島）には、当時、発達した森林が成立していたのではないだろうか。戦争とその後の開発によって、原生林が失われてしまったのは大変残念である。

人間による植物の利用とアグロフォレストリー

島における人間の生活において、植物は大変重要な資源であるから、人が移住してから現在に至るまで、様々な社会的背景のもとで植物資源を効率よく利用するために植生が改変されてきたと考えられる。現在でも自生する多くの植物が食物、建材、装飾品などに利用されていることからもわかるように[16]、入植して以来、人々は自生する植物を利用するとともに、ココヤシ、パンノキ、バナナ、サトイモ科作物といった重要な果樹や作物の栽培を積極的に行いながら生活してきたに違いない。第二次世界大戦前の日本統治時代においてすでに平地や緩傾斜地の森林のほとんどは伐採され、ココヤシやパンノキが広く植栽されており[15]、さらに、食糧増産を目的としてサツマイモなどの作物栽培が進められたという。戦後は日本統治時代ほど積極的ではなかったようだが、政策などによって作物栽培が奨励されたり、流通の発展によって個人による有用植物の導入・栽培などが容易になったりした。このように、植物と人間との間に密接な相互関係が成り立ってきた結果、現在の各島の植生および生態系は、人間による植物の利用様式とその変遷を強く反映したものになったと考えられる。

集落周辺の森林は伝統的なアグロフォレストリー（森林農業）による利用が行われており、人間の影響が特に強い。ポンペイ島のアグロフォレストリーの農場で植物の種数を調査した研究では、一つの農場につき、平均二六種、五四の農場の合計で一〇二種の植物が確認されている(17)。ココヤシやパンノキの果樹が主流で、その林床にダイジョ、インドクワズイモ、カバ(18)が栽培されているのが特徴であるという。そのほか、イランイランノキ、マンゴー、バナナ、オオハマボウ、ヤエヤマアオキが見られる。

チューク環礁内の四つの火山島（ウェノ島、トノアス島、フェフェン島、エテン島）の植生調査では、ココヤシとパンノキの栽培に利用されている森林農業用地が、面積割合で五七%を占めていることが示されている(19)。そのほかの森林は二四%で、この中に山頂部や高地の二次林、マングローブ、海岸林、ココヤシ以外のヤシ類（ニッパヤシ、ビンロウ、タイヘイヨウゾウゲヤシ(ivory nut palm *Metroxylon amicarum* (H.Wendl.) Hook.f.、ポンペイ州とチューク諸島に固有)、シマオトコヤシ)、小規模なプランテーションが含まれる。残りが二次植生と非森林域で、それぞれ六%、一三%を占める。二次植生は低木、つる植物、草本が撹乱を受けた土地に侵入して成立した植生である。この植生は撹乱地を速やかに覆い、激しい降雨に伴う表層土壌の侵食から守る働きをする。ウェノ島の市街地から見える斜面の植生はこれにあたり、まばらな樹木の間を、つる性の植物が覆いつくしている様子がよくわかる。非森林域には海岸植生、沼沢地、草原、畑、市街地、荒野といった様々なタイプの植

ウェノ島の斜面に成立する二次植生

生が含まれる。同様の調査が行われているヤップ諸島では、チューク諸島に比べて森林農業用地の割合が小さく（二六％）、森林域（四〇％）や非森林域（二八％）の占める割合が大きい[20]。このことから、比較的火山島の規模が小さいチューク諸島では、森林の利用率が大きく、残存する自然植生は少ないことがわかる。

一方、チューク諸島のサンゴ島に現存する具体的な植生に関する既存の情報はほとんどなかった。これについては、チューク環礁北部に位置するピス島を例として、第二部第四章で紹介する。

注

（1）Galbraith, K., Bendure, G. and Friary, N. 2000. Lonely Planet Micronesia (4th edition). Lonely Planet Publications Pty Ltd., Australia.

（2）Bailey, R. T., Jenson, J. W. and Taboroši, D. 2013. Estimating the freshwater-lens thickness of atoll islands in the Federated States of Micronesia. Hydrogeology Journal, 21: 441-457.

（3）NOAA climate data online https://www.ncdc.noaa.gov/（二〇一七年一〇月参照）。ポンペイ島はコロニアにおける降水量、コスラエ島・ウェノ島・ヤップ島は空港における降水量。

（4）佐伯理郎『エルニーニョ現象を学ぶ　改訂増補版』（成山堂書店、二〇〇三年）

（5）Mueller-Dombois, D. and Fosberg, F. R. 1998. Vegetation of the Tropical Pacific Islands. Springer Science & Business Media, New York.

（6）気象庁ホームページ http://www.data.jma.go.jp/gmd/cpd/elnino/index.html（二〇一七年三月参照）

（7）島津　弘編『屋久島ジオガイド』（山と渓谷社、二〇一六年）

（8）Underwood, M. R., Peterson, F. L. and Voss, C. I. 1992. Groundwater lens dynamics of atoll islands. Water Resources Research, 28: 2889-2902.

（9）Bridges, K. W. and McClatchey, W. C. 2009. Living on the margin: Ethnoecological insights from Marshall Islanders at Rongelap Atoll. Global Environmental Change, 19: 140-146.

（10）井戸や雨水タンクの詳細については第二部第一章を参照。

（11）吉野正敏『気候学』（大明堂、一九七八年）

（12）Spennemann, D. H. R. 2009. Hindcasting typhoons in Micronesia: Experiences from ethnographic and historic records. Quaternary International, 195: 106-121.

（13）Itow, S. 1988. Species diversity of mainland- and island forests in the Pacific area. Vegetatio, 77: 193-200.

（14）宮城豊彦・安食和宏・藤本　潔『マングローブ―なりたち・人びと・みらい―』（古今書院、二〇〇三年）

（15）金平亮三『南洋群島植物誌』（南洋庁、一九三三年）

（16）Balick, M. (ed.) 2009. Ethnobotany of Pohnpei: Plants, People, and Island Culture. University of Hawaiʻi Press, Honolulu.

（17）Raynor, W. C. and Fownes, J. H. 1991. Indigenous agroforestry of Pohnpei. 2. Spatial and successional vegetation patterns. Agroforestry Systems, 16: 159-165.

（18）コショウ科植物で学名は*Piper methysticum*。ポンペイ島ではシャカウやシャカオと呼ばれ、生の根をつぶし、水を加えて絞り出した汁を飲む。飲むと舌や喉などがしびれ、陶酔感がある。詳しくは、印東道子『ミクロネシアを知るための58章』（明石書店、二〇〇五年）の第32章「ビンロウ噛みとカヴァ」を参照。

（19）Falanruw, M. C., Cole, T. G., Ambacher, A. H., McDuffie, K. E. and Maka, J. E. 1987. Vegetation survey of Moen, Dublon, Fefan, and Eten, State of Truk, Federated States of Micronesia. Pacific Southwest Forest and Range Experiment Station, Resource Bulletin, PSW-20. United States Department of Agriculture, Forest service, Berkeley.

（20）Falanruw, M. C., Whitesell, C. D., Cole, T. G., Maclean, C. D. and Ambacher, A. H. 1987. Vegetation survey of Yap, Federated States of Micronesia. Pacific Southwest Forest and Range Experiment Station, Resource Bulletin, PSW-21. United States Department of Agriculture, Forest service, Berkeley.

小さなアリの大きな世界

西條喜来

皆さんは、「アリ」について考えたことはあるだろうか。

ハチ目アリ科に属するアリは、原則的に真社会性であり、多くのアリが巣を作り寄り添って生活している。私たちの生活の一番近くに、当たり前のようにいると思われがちなアリだが、その種類と数は途方もなく多く、何種ものアリが同じ地域に生息していることも少なくない。

そして今、「放浪種（tramp species）」と呼ばれるアリが、もともとその場所にいた在来アリの生態を脅かすことがままあり、特に島嶼部では深刻な事態が起きている。例えば、「侵略的外来種」として最近日本でも話題になったヒアリは、在来アリのすみかを奪うだけではなく、家畜や人に大きな被害を与えている。その毒針に刺されると激痛が走り、炎症を起こす。専門家は、侵入を食い止める最も効果的な方法は水際ではね返すこととしながら、発見した場合はただちに鑑定を依頼するよう呼び掛けている(1)。

今回、舞台となるのは、ミクロネシア連邦チューク州にある三つの島。人口の多い中心部であるウェノ島、チューク環礁の最北端に位置する人口三〇〇人ほどのピス島、そして無人島のエバリット島である。ココヤシの木が茂り、青い海がどこまでも広がる、そんな南国ムード漂うこの島々においても、アリ問題は起こっている。

現在、ミクロネシア連邦には一〇〇種を超えるアリが記録され(2)、チューク州では四一種のアリが報告されている(3)。私は、二〇一四年九月、前述した三島それぞれの島でアリの採集を試みた。調査範囲は主に、地面やココヤシの樹皮、砂浜などである。ピス島では、地面にへばりついて調査をする私の姿を面白がり、子どもたちが小さな手でアリの採集を手伝ってくれた。

その結果、三島で合計一九種のアリが確認された(4)。種の同定は、山根正気鹿児島大学名誉教授が行った。

最も多くアリが採集されたのは、やはりチューク州の物流と人の往来の中心であるウェノ島であったが、採集された一一種のうち約八〇%を占める九種が、在来ではない、いわゆる放浪アリであった。無人で、暗くじめじめした景観が特徴的なエバリット島では七種のアリが採集され、そのうち放浪種と思われるアリはたったの一種であったが、それ以外の種のうち少なくとも四種は在来アリであった。この結果を見てもわかる通り、アリの島間における移動は、人為的な影響が大きいと考えられる。

今回の調査では採集範囲を絞ったが、そのほかにも場所によっては今回採集できなかった種が隠れているかもしれない。樹上や枯れ葉の隙間、建物の周辺や水場などでの徹底的な調査が望まれる。また、ミリ単位の小さなアリを認識し、採集する技術も必要だ。トラップなど、調査方法の熟考も不可欠である。

その土地に放浪アリがはびこってしまえば、もともと生息していたアリの行方を知ることはできない。しかしながら、外来のアリを駆逐しようと、むやみやたらに殺虫剤をまき散らすことは避けなければならない。それによって在来アリまでもが生存を脅かされる危険もあるからだ。このように、アリの種類や数は、環境の改変や時間の経過とともに劇的に変化する可能性があるため、この小さなアリたちのモニタリングを継続しなければならないことは明らかである。どこを好んで巣を作り、何を食べて生活しているのか、どんな生き物におびえながら生きているのか、アリだけではなくほかの生物や周りの環境に目を向けることも大切だろう。

あなたの足下でせわしなく動いているアリは、昔からその土地に住む大先輩なのか、いやもしかしたら、遥か遠い地からやってきた新参者なのかもしれない。

〔注〕
(1)山根正気・原田　豊・江口克之『アリの生態と分類―南九州のアリの自然史―』(南方新社、二〇一〇年)
(2)Clouse, R. M. 2007. The ants of Micronesia (Hymenoptera: Formicidae). Micronesia, 39: 171-295.
(3)Clouse, R. M. 2007. New ants (Hymenoptera: Formicidae) from Micronesia. Zootaxa, 1475: 1-19.
(4)Saijou, K. and Yamane, Sk. 2015. Records of ants from the Chuuk State, Micronesia (Hymenoptera, Formicidae). Biogeography, 17: 13-15.

第三章　島の成り立ち

ハフィーズ・ウル・レーマン
北村有迅

大陸から遠く離れた大洋のただ中に浮かぶチューク諸島。これらの島々はどのようにして形成されたのだろうか。日本がミクロネシアを統治していた当時、カロリン諸島において島々の岩石学的・地理学的な学術的研究が日本人によって行われた(1)。その報告書によると、カロリン諸島は高島と低島に分けられ、火山性の島々が高島、サンゴ礁から成る島々が低島と区分された。本章では、チューク諸島の火山性の高島、および環礁に沿って露出している低島の成り立ちを説明し、現地調査の様子や島民との交流などについて記す。

高島の形成―火山活動の年代―

はじめに、チューク諸島の高島の特徴をみてみよう。高島のうち最大の島は環礁内の西部に位置するトル島であり、次に主な人口を擁する北東部のウェノ島が続く。ウェノ島の南やトル島との間に位置する小島も火山活動で形成された。このような島々は玄武岩、安山岩および流紋岩からなる。おそらく噴火の中心であったウェノ島の北西部には、マントル深部の性質を持つ鉱物「カンラン石」の塊（捕獲岩）が玄武岩中に存在している。これはマントル深部からマグマが海面まで上昇し、マントル由来の鉱物を地上まで運び上げたと考えられている。

国土の地形や地質は軍事上非常に重要な情報であり、現在でも機密扱いされることは珍しくない。この例に漏れず、アメリカ合衆国による信託統治時代の一九六三年、軍事情報とすることを念頭にチューク諸島の地質学的な調査が行われた(2)。火山島は三つのグループに分類され、東部のウェノ島・トノアス島・フェフェン島・ウマン島、中央部のウドット島・エオット島・エイオル島、西部のトル島・ファナパゲス島・ロマヌム島という具合である。それぞれの島は一つの巨大楯状火山の活動によって形成されており、火砕流堆積物も存在する。このことから、チューク諸島の火山島群は海中火山活動が活発化したあと、海面上にまで溶岩を噴出し、おそらく火山灰も周辺へ降らせたと考えられる。

ハワイ諸島付近では、地球深部のマントル成分がパイプのように直接海底に噴出し火山島を形成している。このような場所を「ホットスポット」と呼ぶ。例えば世界地図を開いてみると、ハワイ諸島の火山島は一直線上に配列しており、最も南東のハワイ島の位置にホットスポットが存在している。島の形成年代を調べると北西から南東へ若くなっていることがわかる。ホットスポットの位置ではマグマが噴出し、溶岩となって島を形成する。時間が経過すると島を載せている海洋プレートが移動し、ホットスポットから離れる。するとプレート上の新たな場所で火山活動が開始し、若い火山島が形成される。このようにハワイ諸島の火山島列は太平洋プレートにあるホットスポットから噴出してきた溶岩から成り、現在も火山活動が続いている。

チューク州とポンペイ州、コスラエ州を地図上で見ると、直線状ではなく帯状の分布の火山島群である。これらの島々もハワイ島と同様にホットスポット由来のものではないかとする学説がある(3)。その根拠として、それぞれの火山島が西から東へ若くなっており、チューク諸島の火山活動は約一四八〇万～四三〇〇万年前、ポンペイ火山は約八七〇万～九〇〇万年前、最も東にあるコスラエ火山は約二〇〇万～九〇〇万年前にカロリンプレートがホットスポット上を通過した時に形成されたと解釈された。しかし、その後の火山活動はなくホットスポットも存在しないという事実から、ホットスポットで形成されたとする説に疑問を持つ研究者もいる。チューク諸島の火山とポンペイ火山、ポンペイ火山とコスラエ火山の一部の火山活動の年代が重なる事実は、それぞれ互いに数百キロメートル以上も離れているため、これら三つの州とも一つのホットスポット上を通過したとは考えにくく、一部の火山はプレートの沈み込みに伴って長引いた火山活動の結果ではないかとの議論もある(4)。チューク諸島は主に巨大盾状火山の活動によって形成され、カルデラ壁などは崩壊あるいは侵食され火口のかたちは残っていないが、立派な高島は残っており、火口やカルデラ周辺には新たな若いサンゴ礁性の島々が形成されている。サンゴ礁のお陰で環礁の中にある島々は外洋の激しい侵食や風化から守られてきた。さらに、環礁にはミネラルが豊富な環境が整っているため、魚類をはじめとする生物多様性が高く、さながら遠洋のオアシスになっている。

低島―サンゴ礁の形成―

数万年に及ぶ火山活動で大きな火山島が形成された後、カルデラ噴火に伴って島がおそらく数年かけて沈下した。中心の一部（硬く崩壊しにくい山頂に当たる部分）と周囲約三〇〇キロメートルにも及ぶカルデラの壁に当たる部分の硬い溶岩が海に没すると、その上にサンゴ礁が発達し、礁湖（ラグーン）を形成した。礁湖の縁は石灰質のサンゴ礁からできているため、付近の海は浅く白い海底がエメラルドグリーンの美しい風景を作り出している（図1a～c）。サンゴ礁からなる低い島々には無人島もあるが、一部には集落があり人々が暮らしている。ピサール島（ラグーンの南部にある島）には数人の住民が住んでおり、観光客も訪れることがある（図1d）。島の海抜はわずかで、二、三メートル程度しかないが、台風などが極めて少ない地域のためほとんど問題にならず、ノンビリと過ごすことができる（図1e～f）。

図１　環礁および火山島の風景。（a）海面に露出している火山島群（ラグーンの外縁のサンゴ礁から撮影した写真）。(b, c)海面上に出ているサンゴ礁とその付近のエメラルドグリーン色の海。(d)ビーチの風景、枯れた木と深い森林の島。（e, f）島の集落の様子。

現地調査の風景および現地の人たちの反応

ミクロネシアの火山島の成り立ちに関する調査に先立ち先行研究や報告書などを検討したが、詳しい調査・地質図や現地の情報などを得られるものは少なく、ミクロネシア連邦政府および観光局がインターネット上で公開している簡単な説明に頼るしかない。欧米や日本の研究者による研究などのデータも少なく、日本統治時代にいくつかの論文や報告書が発表されたが(5)、その後は詳しい研究がほとんどなされていない。最も詳しい地質調査報告はアメリカ合衆国が軍事情報のため行った研究報告書であるが(2)、その詳細な報告書にも地質図は描かれていない。私たちはチューク州全体の火山島およびサンゴ礁の詳しい調査を行うため、二〇一三年に現地調査を行った。その調査の様子および島民との交流について伝えたい。

私たちはまずウェノ島の周囲を調査し、岩石などを確認した。島の各区画は基本的に個人所有のため、岩石を見るたびに地主へ一声かける必要があり、岩石を見たりサンプルを採取したりするための許可を取るのが前提である。一部には許可されない場所もあり、そのような場合には調査を行わずに次の場所へ移動せざるを得なかった。環礁内にあるほかの島々へも船で向かったが、上陸を断られ現地の様子がわからぬままとなることもあった。島に上陸し調査を行っていると、おそらく地主あるいはその家族であろう人物が入場料（二、三米ドル程度）を要求することがままある。しかし、一旦その地域に入ると地域住民は皆親切で、ココナッツジュースをプレゼントしてくれたり、何かと話かけてきたりすることが多かった。人はどこでも同じだと改めて強く感じた。

一番深く思い出に残るのがトル島でのホームステイだった。ウェノ島の観光局で紹介され、ウェノ島のホテルと同額の金額を観光局で先払いし、その島へ行った（しかしホームステイのホストは金額を知らされておらず、天引きされていたのかもしれない）。ホームステイの家族は皆優しく歓迎してくれた。彼らは島周辺の現地調査

チューク諸島の子どもたち

にも協力を惜しまず、よい経験となった。

チューク諸島全体を通して、調査を行うたびに大勢の島民が不思議な顔をし、私たちが何をしているのかを一生懸命見つめていた。特に、採取する岩石には金や何か重要なものが入っているのではないかといぶかる表情を隠さぬ様子だった。特筆すべきは島の子どもたちである。皆明るい子たちで写真を撮るたびにほほえんでいた。

自ら現地調査を行ったことでチューク諸島の全体的な地質図の作成は極めて困難だとよく理解できた。その一つ目の理由は、自然が敵で、島々のほとんどが深い植生に阻まれ、どこにどのような岩石があるのか、どんな地質構造なのかとてもわかりにくい状況だからである。わずかに岩石や溶岩の様子が確認できるのが海岸沿いや島内部の川沿い、それに石切り場数カ所だけだった。二つ目は、一部の島民の対応である。島の持ち主に上陸許可をもらえなければ、その島の地質はわからぬままだ。調査の回数を重ねたとしても、満足のいく地質情報を得るのはそう簡単ではないだろう。

注

（1）岩崎重三　一九一五　南洋の地質（一）　地質學雑誌　二二：二七七〜二九〇

（2）Stark, J. T. and Hay, R. L. 1963. Geology and Petrography of Volcanic Rocks of the Truk Islands, East Caroline Islands. Geological Survey (U.S.) Professional Paper 409, U.S. Government Printing Office, Washington.

（3）Spengler, S. R. 1990. Geology and Hydrogeology of the Island of Pohnpei, Federated States of Micronesia. Ph. D. Dissertation. University of Hawaiʻi at Manoa, Honolulu.

Keating, B. H., Mattey, D. P., Naughton, J. J. and Helsley, C. E. 1984. Age and origin of Truk Atoll, Eastern Caroline Islands: Geochemical, radiometric-age, and paleomagnetic evidence. Geological Society of America Bulletin, 95: 350-356.

Dixon, T. H., Batiza, R., Futa, K. and Martin, D. 1984. Petrochemistry, age and isotopic composition of alkali basalts from Ponape Island, Western Pacific. Chemical Geology, 43: 1-28.

Mattey, D. P. 1982. The minor and trace element geochemistry of volcanic rocks from Truk, Ponape and Kusaie, Eastern Caroline Islands; the evolution of a young hot spot trace across old Pacific Ocean crust. Contributions to Mineralogy and Petrology, 80: 1-13.

（4）Rehman, H. U., Nakaya, H. and Kawai, K. 2013. Geological origin of the volcanic islands of the Caroline Group in the Federated States of Micronesia, Western Pacific. South Pacific Studies, 33(2): 101-118.

（5）Kinoshita, K. 1926. Preliminary notes on the nepheline basalt and some associated rocks from Truk, Calorine Islands. Journal of the Geological Society of Tokyo, 33: 1-8.

田山利三郎　一九三六　ポナペ島（Ponape I.）の地形地質並に珊瑚礁　東北帝國大學理學部地質學古生物學教室研究邦文報告　二四：一〜五二

吉井正敏　一九三六　南洋諸島非石灰岩石畧記　東北帝國大學理學部地質學古生物學教室研究邦文報告　二二：一〜五〇

ミクロネシアへのヒトの移動

高宮広土

ミクロネシアの島々はその名称の通り小さい。島が小さいということは資源が少ないことを意味する。ヒト（ホモ・サピエンス／現生人類）は数百キロメートルから数千キロメートルの大航海を経てこの小さな島々で生活を営むようになった。チューク諸島を含むミクロネシアの島々にヒトはいつ頃から住み始めたのだろうか。また彼らはどこから来たのであろうか。

ヒトは約四万年前にはオーストラリアやニューギニアに到達し、一万年前までにはビスマルク諸島およびソロモン諸島などの島々に出現していた。フィリピンにも約四万年前にはヒトが存在したといわれている。つまり、ミクロネシア周辺にはその頃には航海に長けた人々がいたのである。しかしながら、彼らでさえミクロネシアの島々への拡散は困難を伴ったらしく、これらの島々にヒトが居住しはじめたのはごく最近のことである。

まず、約三五〇〇年前頃、マリアナ諸島にフィリピン周辺からインドネシア系言語を話す人々がやってきた。土器などの出土遺物も同じ起源地と解釈されている。その南西に位置するパラオやヤップ州では最古の遺跡は約二四〇〇年前であるが、パラオでは約三五〇〇〜四〇〇〇年前にパラオ語が古いオーストロネシア語と分岐し、同時期にヒトによる環境破壊の証拠があり、その頃にヒトがすでに居住していたとの仮説もある。古環境分析の結果をもとに、ヤップ州でも三五〇〇年前の遺跡が存在しているのではないかと考古学者は推測する。一方、コスラエ州、ポンペイ州およびチューク州の人々は核ミクロネシア語を話し、彼らの祖先はより南のメラネシアから約二〇〇〇年前に北上した。この核ミクロネシア語話者の一部はさらに西へと進み、約一〇〇〇年前にはパラオのアンガウル島に拡散した。この頃までには多くの島にヒトが存在した証拠がある。

チューク州で最古の遺跡はフェフェン島で発見・発掘がなされたサポタ村に所在するサポタ遺跡で、約二三五〇〜一六五〇年前の遺跡である。オセアニアで最古の土器であるラピタ土器（約三五〇〇年前）がメラネシアから報告されているが、ラピタ土器系の土器がこの遺跡から出土している。そのほかの出土人工遺物はシャコガイ製の斧や同じくシャコガイ製のブレスレットあるいはペンダントなどである。また、珍しい人工遺物として玄武岩製の石器が報告されている。先述したように、ポンペイ州やコスラエ州でもほぼ同じ時期の遺跡が知られている。

以上のように、ミクロネシアへのヒトの拡散は非常に複雑である。私はミクロネシアの人たちが自分たちの過去をどう理解しているかについて興味があり、コスラエ島やヤップ諸島で聞き取り調査を実施した。主な質問は「あなたがたの祖先はいつ頃、どこから島にたどり着いたのか」である。驚いたことに多くの人たちはミクロネシアの島々に数千年の歴史があることを知らず、歴史というとヨーロッパ人が「発見」した一六世紀からと答えていた。そしてほぼ全員が祖先はどこから来たか答えられなかった。興味深い点として、コスラエ島での面談者は言語や形質的特徴からコスラエ人の祖先が西からではなく南から到来したと答えたことであった。しかし、彼もこの島に祖先がたどり着いたのは数百年前という答えであった。ヤップ諸島やコスラエ島の人たちは先史時代についてほとんど学習する機会がないとのことであった。彼らが世界に誇れる自分たちの先史文化を学習する機会が増えないか切に願っている。

ヤップ諸島での聞き取り調査

〔参考文献〕
印東道子『オセアニア　暮らしの考古学』（朝日新聞社、二〇〇二年）
Rainbird, P. 2004. The Archaeology of Micronesia. Cambridge University Press, Cambridge.

第四章　歴史・社会経済

西村　知

本章では、チューク州の社会経済の特徴を政府統計や既存研究を用いて整理する。まず、チューク州の経済社会構造を理解するための準備作業としてミクロネシア連邦の歴史を整理する。ミクロネシア連邦は、ヤップ州、チューク州、ポンペイ州、コスラエ州の四州で構成されており、すべての州に共通する特徴を持っているが、同時に各州の特徴もみられる。これらを人口センサス、家計調査を用いて明らかにする。また、統計データは十分ではないが、チューク州の環礁上に位置する島が持つ特殊性についても解説する。チューク州の社会問題については、へーゼル神父(1)の文献を紹介しながら、急速に進む近代化、欧米化、経済構造との関連も視野に入れながら解説する。最後に、チューク州の将来展望について重層的な制度の「共進化」という観点から考察する。

ミクロネシア連邦の歴史

ミクロネシア連邦の歴史は、先史時代、ヨーロッパ統治、日本統治、信託統治から独立に大きく分けることができる。以下は、ミクロネシア連邦政府のホームページの内容を要約したものである(2)。先史時代については

COLUMN❸を参照されたい。

一五二五年、インドネシアを目指して航海していたポルトガル人がヤップ諸島とウルシー環礁（ヤップ州）に上陸した。その後、スペインの遠征隊が、ヨーロッパ人として初めて、残りのカロリン諸島の島々と交流を持ち、ヤップ諸島に植民地政府をおき、一八九九年までカロリン諸島の領有を主張した。しかし一八九九年、スペインは撤退し、当時アメリカ合衆国の支配域であったグアム島を除いた地域での権益をドイツに売り渡した。ドイツ政府により、コプラ生産・貿易の発展が促された。しかし、一九一四年、日本海軍がマーシャル諸島、カロリン諸島およびマリアナ諸島北部を軍事下に治め、ドイツの統治は終わった。一九二〇年、国際連盟の委任による日本の統治が始まった。先住民の人口は、当時は四万人ほどしかいなかったのに対し、日本人の人口はミクロネシア全体で一〇万人を超えた。この時代、サトウキビ、採鉱、漁業、熱帯農業が主要産業となった。しかし、第二次世界大戦の終戦により、日本統治下でもたらされた繁栄が終わりを告げた。ほとんどの産業基盤は爆撃によって廃墟と化し、島も人々も貧困に突き落とされてしまった。一九四七年、国際連合（以下国連）はミクロネシアの六つの地区（ポンペイ・コスラエ、チューク、ヤップ、パラオ、マーシャル諸島、マリアナ諸島北部）を信託統治領とした。そしてアメリカ合衆国は、国連安全保障理事会の決定により、「安全保障受託国」として、国連の定めるガイドラインの下で信託統治を始め、住民の経済発展および自給自足を支援していくこととなった。

一九七八年七月一二日、信託統治領下のヤップ、チューク、ポンペイおよびコスラエの四地区の住民投票により、ミクロネシア連邦憲法の下で連邦制をとることが決定した。国連はこれを認め、ここに、国際連盟・国連による長年にわたる管理下のもと失われていた主権を再び取り戻すことができた。一九七九年五月一〇日にミクロネシア連邦が施行され、旧地区は連邦を構成する州となり、独自の州憲法を採択した。そして、連邦および各州の議員を選ぶための統一選挙も行われ、全ミクロネシア議会の議長であったトシオ・ナカヤマ氏が初代大統領に就任し、内閣を組閣した。ミクロネシア憲法施行を受け、アメリカ合衆国はミクロネシア連邦とその各州政府

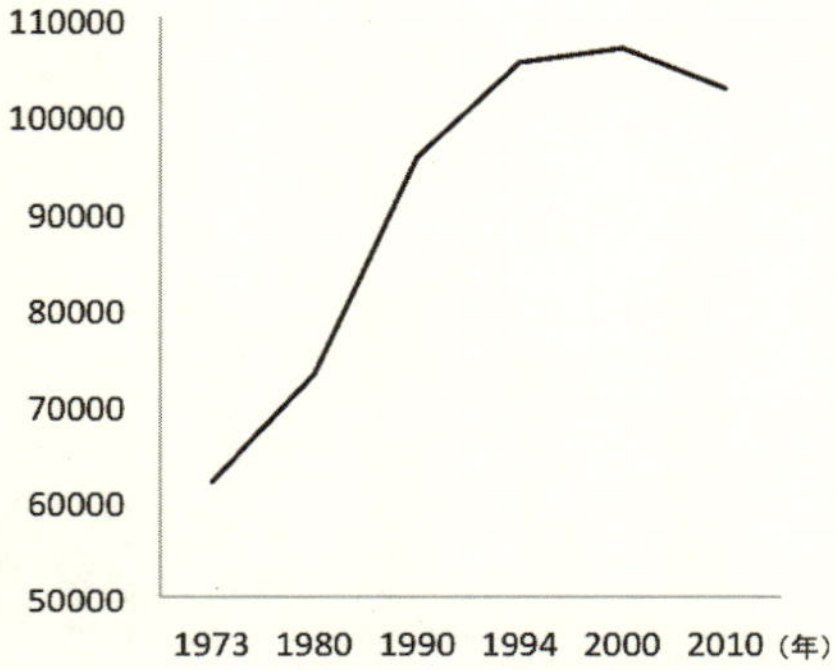

図１　ミクロネシア連邦の人口の推移（人）

出　所：FSM Office of Statistics, Summary Analysis of Key Indicators from the FSM 2010 Census of Population and Housing。

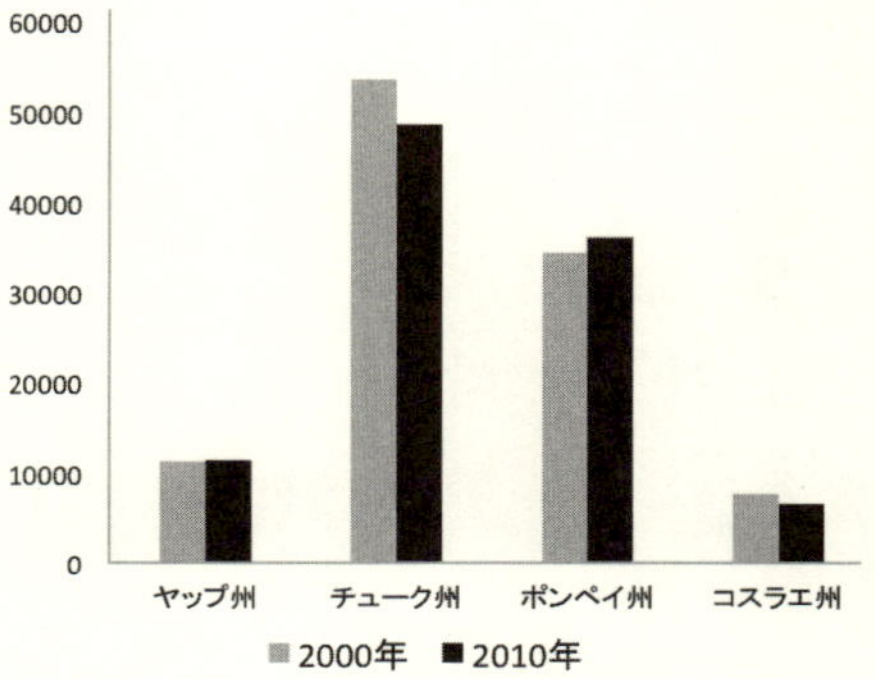

図２　ミクロネシア連邦の各州の人口動態（人）

出　所：FSM Office of Statistics, Summary Analysis of Key Indicators from the FSM 2010 Census of Population and Housing。

を承認した。以降、ミクロネシア連邦、マーシャル諸島共和国、パラオ共和国は、アメリカ合衆国との自由連合関係に移行し、自由連合は一九八二年一〇月一日に調印、一九八三年の国民投票による承認後、さらにアメリカ合衆国議会の承認を経て、一九八六年一一月三日に施行された。そしてついに、一九九一年九月一七日、ミクロネシア連邦は国連に加盟し、国際社会の一員となった。

チューク州の人口動態

ミクロネシア連邦の二〇一〇年人口センサスを用いてチューク州の人口の動き、就業構造、教育水準についてみてみよう。図1は、一九七三年、一九八〇年、一九八九年、一九九四年、二〇〇〇年、二〇一〇年の全国の人口の動きを示したものである。一九七三年から二〇〇〇年までは右上がりの人口増加を示してきたが、二〇一〇年には減少を記録した。各州の二〇〇〇年から二〇一〇年の人口の動きを示したのが図2である。チューク州は、人口においては全国の約半分を占め、最大である。ポンペイ州がそれに続く。センサスは、チューク州の人口減少、ポンペイ州の人口増加と対照的であることを示している。センサスでは、海外に住む近親者（世帯主の配偶者、子）の割合、居住地も示されて

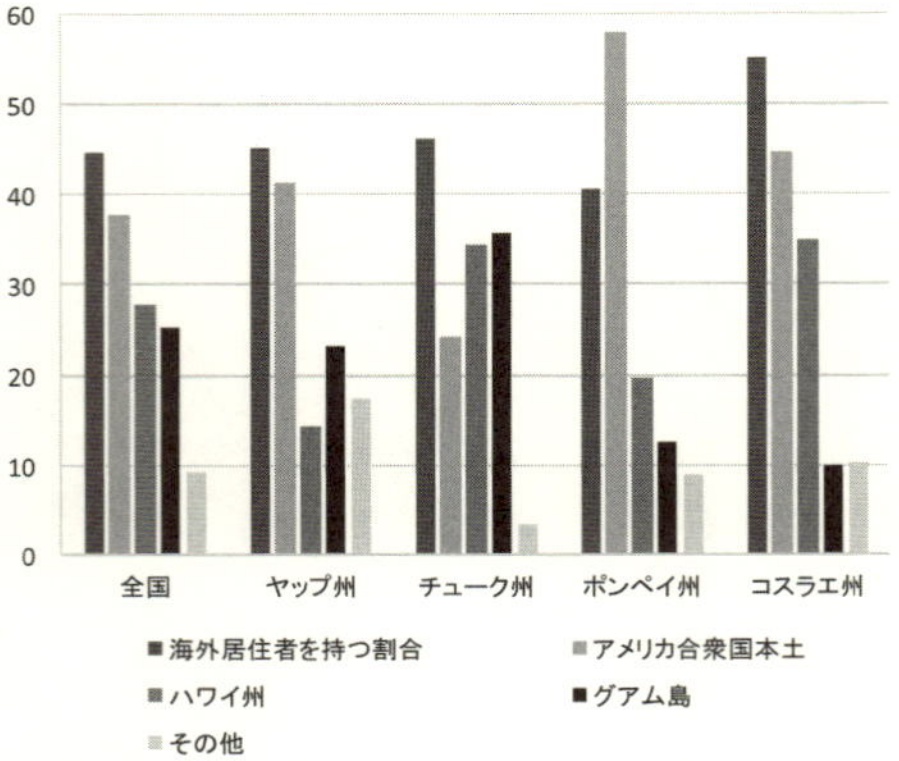

図３　ミクロネシア連邦および４州の海外居住者を持つ世帯の割合（%）

出　所：FSM Office of Statistics, Summary Analysis of Key Indicators from the FSM 2010 Census of Population and Housing。

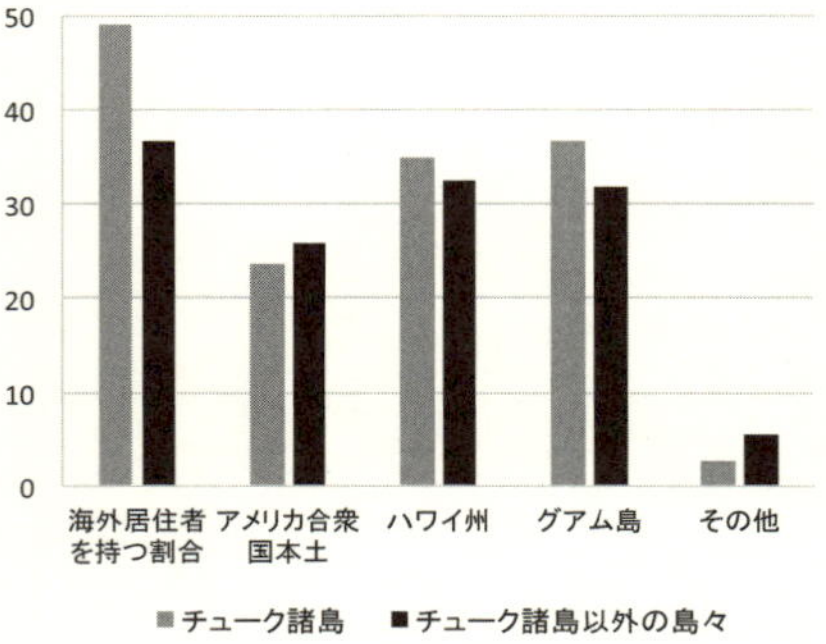

図４　チューク州の海外居住者を持つ世帯の割合（%）

出　所：FSM Office of Statistics, Summary Analysis of Key Indicators from the FSM 2010 Census of Population and Housing。

いる。図3が示すことは、すべての州において四割以上の世帯が海外に近親者の家族を有するということである。居住地は、アメリカ合衆国本土、ハワイ州、グアム島が中心であるが、その割合においてチューク州は特徴的である。ほかの三州では、アメリカ合衆国本土が最も多いが、チューク州では、グアム島、ハワイ州がアメリカ合衆国本土よりも多い。チューク州の海外居住者を持つ世帯のデータをチューク諸島とそれ以外の島々に分けて示したものが図4である。この図が示すことは、グアム島、ハワイ州、アメリカ合衆国本土という居住先の順番は同様であるが、海外居住者を持つ世帯の割合は、チューク諸島では約五割であるのに対し、それ以外の島々では四割を切っている。チューク州の中心部であるチューク諸島から離れた島々ほど海外との関係性が弱いと言える。

チューク州の就業構造

表1が示すように、ミクロネシア連邦の経済の中心は農林水産業である。次に重要なのは、卸・小売り、不動産業、教育、行政である。表2は、全国、各州の就業者人口

表１　ミクロネシア連邦および４州のGDP（国（州）内総生産）（2015年、百万US$）

	全国	ヤップ州	チューク州	ポンペイ州	コスラエ州
農業・狩猟・林業	48.7	12.8	16.1	18.6	1.2
卸・小売り	37.4	5.8	8.8	20.1	2.8
不動産	34.7	3.8	12.1	16.7	2.0
教育	33.7	4.2	10.6	16.1	2.9
行政	33.7	3.8	6.9	20.2	2.8
漁業	33.5	7.2	12.1	12.7	1.5
運輸・通信	17.2	2.7	4.6	9.0	1.0
健康福祉サービス	15.0	2.4	4.9	6.3	1.4
金融	12.1	1.2	1.7	8.5	0.7
電気・ガス・水道	9.6	2.3	2.3	4.4	0.7
建設	8.3	2.0	2.3	3.2	0.9
ホテル・レストラン	5.8	1.4	1.4	2.6	0.3
製造業	1.3	0.1	0.3	0.7	0.2
	291.1	49.6	83.6	139.8	18.2

出　所：Graduate School USA Pacific Islands Training Initiative (2016) FSM Fiscal Year 2015 Statistical Appendices。

とその割合を示している。すべての州で、民間部門の割合が四割台で、連邦政府、州政府、地方自治体、政府機関、つまり公務員の割合が四割を占めている。連邦政府の割合の多いポンペイ州では、連邦政府や政府機関関連の就業者人口割合が大きい。ミクロネシア連邦の経済においては、賃金部門と自給部門に分かれるが、賃金部門の州間、業種間での賃金格差が大きいことも特徴的である。表3は、二〇一五年の各州の業種別平均賃金を示している。首都パリキールの位置するポンペイ島のあるポンペイ州は、国の政治、経済の中心であり、ほかの三州よりも平均賃金が高い。全国平均が七七六二米ドルに対して、ポンペイ州は九〇三〇米ドル、チューク州は六二六九米ドルである。部門間の賃金格差はさらに大きい。チューク州においては、民間部門の年間平均賃金が四〇八九米ドルであるのに対し、連邦政府や州政府のそれは、それぞれ一万一四六五米ドル、八一八二米ドルであり、二倍を超えている。

ミクロネシア連邦の家計調査

表4は、二〇一五年に行われた調査に基づき、四州に

表２　ミクロネシア連邦および４州の就業者人口（2015 年）

	全国		ヤップ州		チューク州		ポンペイ州		コスラエ州	
	人	%	人	%	人	%	人	%	人	%
民間部門	6,496	43.9	976	43.0	1,759	44.6	3,295	44.7	465	37.6
公企業	794	5.4	135	6.0	73	1.8	544	7.4	43	3.4
金融機関	172	1.2	7	0.3	12	0.3	147	2.0	6	0.5
連邦政府	719	4.9	57	2.5	85	2.1	538	7.3	40	3.2
州政府	4,790	32.3	1,008	44.4	1,708	43.4	1,484	20.2	589	47.7
地方自治体	364	2.5	0	0	6	0.2	333	4.5	25	2.0
政府関連機関	759	5.1	28	1.2	31	0.8	681	9.3	18	1.4
NGO・NPO	559	3.8	57	2.5	258	6.5	226	3.1	19	1.5
外国大使館	103	0.7	0	0	0	0	103	1.4	0	0
その他	54	0.4	0	0	8	0.2	13	0.2	32	2.6
合計	14,808	100	2,268	100	3,941	100	7,364	100	1,236	100

出　所：Graduate School USA Pacific Islands Training Initiative (2016) FSM Fiscal Year 2015 Statistical Appendices。

表３　ミクロネシア連邦および４州の部門別名目年間平均賃金（2015 年）（US$）

	全国	ヤップ州	チューク州	ポンペイ州	コスラエ州
民間部門	4,870	5,148	4,089	5,330	3,943
公企業	13,193	8,407	9,150	15,207	10,852
金融機関	16,673	-	19,812	16,462	-
連邦政府	15,955	17,814	11,465	18,520	10,228
州政府	9,032	7,736	8,182	11,071	8,929
地方自治体	4,698	-	2,490	4,865	3,973
政府関連機関	11,888	8,753	6,367	12,440	5,378
NGO・NPO	6,308	3,856	3,615	9,489	6,915
全部門平均	7,762	6,833	6,269	9,030	6,778

出　所：Graduate School USA Pacific Islands Training Initiative (2016) FSM Fiscal Year 2015 Statistical Appendices。

表４　ミクロネシア連邦および４州の家計収入（2015 年）

	全国		ヤップ州		チューク州		ポンペイ州		コスラエ州	
	収入（千 US$）	割合（%）	収入（千 US$）	割合（%）	収入（千 US$）	割合（%）	収入（千 US$）	割合（%）	収入（千 US$）	割合（%）
賃金	104,146	47.2	16,478	47.8	25,699	33.5	52,151	55.5	9,818	63.9
自給経済	39,577	18.0	10,221	29.7	20,188	26.3	7,856	8.4	1,313	8.5
帰属地代	22,783	10.3	2,930	8.5	10,487	13.7	8,052	8.6	1,314	8.6
企業活動	19,972	9.1	1,281	3.7	5,704	7.4	12,049	12.8	938	6.1
受贈	7,932	3.6	269	0.7	2,880	3.8	4,504	4.8	281	1.8
送金収入	6,972	3.1	181	0.5	4,175	5.4	2,321	2.4	210	1.9
社会保障給付	6,728	3.1	688	2.0	2,114	2.8	3,188	3.4	738	4.8
その他	12,355	5.6	2,420	7.1	5,372	7.1	3,889	4.1	757	4.4
合計	220,465	100	34,468	100	76,619	100	94,010	100	15,369	100

出　所：Graduate School USA Pacific Islands Training Initiative (2016) FSM Fiscal Year 2015 Statistical Appendices。

表5　ミクロネシア連邦および4州の家計支出（2015年）

	全国		ヤップ州		チューク州		ポンペイ州		コスラエ州	
	支出（千US$）	割合（%）	支出（千US$）	割合（%）	支出（千US$）	割合（%）	支出（千US$）	割合（%）	支出（千US$）	割合（%）
食費	1,594	39.4	294	39.4	726	47.5	471	31.5	104	38.5
住宅関連経費	702	17.4	138	18.5	255	16.7	259	17.3	49	18.1
交通費	375	9.3	81	10.8	122	8.0	137	9.2	34	12.6
贈与経費	250	6.2	23	3.1	91	6.0	128	8.6	9	3.3
光熱費	206	5.1	36	4.8	73	4.8	83	5.5	14	5.2
家具などの家財経費	165	4.1	32	4.3	53	3.5	68	4.5	11	4.1
その他	750	18.6	143	19.1	209	13.7	350	23.4	49	18.1
合計	4,042	100	747	100	1,529	100	1,496	100	270	100

出　所：Graduate School USA Pacific Islands Training Initiative (2016) FSM Fiscal Year 2015 Statistical Appendices。

おける家計の収入源を示したものである。源泉の項目は、賃金、自給経済、帰属地代、企業活動、送金収入などである。自給経済とは、商品販売を目的としない自家消費を目的とした自給的な農業や漁業である。帰属地代とは、実際は支払われていない自己の家屋や農地の地代の推定額である。よって、自給経済と帰属地代の収入は推定額である。チューク州においては、賃金が約三四％、自給経済が約二六％、帰属地代が約一四％、企業活動が約七％、社会保障給付が約三％、その他が約七％である。

四州で比較してみると、チューク州の自給経済の割合は、ヤップ州（約三〇％）と同じく全部門の四分の一を超え、非常に大きい。これに対し、ポンペイ州（約八％）やコスラエ州（約九％）は、一割に満たない。次に特徴的なことは、送金収入（約五％）、受贈（約四％）がほかの三州よりも大きいことである。

次に家計支出をみてみよう。表5は、二〇一五年の家計支出を示したものである。支出項目は、食費、住宅関連経費、交通費、贈与経費、光熱費、家具などの家財経費である。食費をみてみると、チューク州が約四八％であるのに対し、ヤップ州は約三九％、ポンペイ州は約三二％、コスラエ州は約三九％である。また、チューク州、ポンペイ州では、贈与に関連する支出の割合が、それぞれ約六％、約九％と大きい。ほかの二州は約三％である。

四州の家計調査から、チューク州の特徴が明らかになる。収入構造においては、自給部門が約四分の一と大きく、支出構造においては、食費が約五割を占めている。チューク州のもう一つの特徴は、送金収入、贈与関連の支出が大

表6　ミクロネシアの自殺率（人／10万人）

	1966〜1969年	1970〜1973年	1974〜1977年	1978〜1981年	1982〜1985年
マーシャル諸島	7.5	15.6	16.7	27.6	13.9
ポンペイ州	1.6	5.4	26	16.9	8
チューク州	6.7	14.2	30.3	42	25
パラオ	13	11.8	24.2	31	36
ヤップ州都市部	5.9	40	34.3	63.7	51.9

出　所：Hezel (1987)。

きいことであるが、このことはチューク州における社会紐帯が強いことを示しているといえる。この二つの特徴を総合するとチューク州は、自給経済部門が大きく、社会紐帯の強い伝統的性格の強い社会経済構造であるといえる。

チューク州の社会問題

チューク州の社会問題は、急速に変化する人々の生活によって引き起こされる。そしてこの変化は、アメリカ合衆国の援助と強く関連している。教育水準は急速に高まり、生活の近代化、欧米化が進んだのと同時に、人々のストレスも拡大している。これらのストレスは、家庭内暴力、高い自殺率につながっている。また、親族関係、家族関係を支えてきた彼らの土地に関わる状況は、貨幣経済化、現金所得を求めて島を出る人々の増加によって大きく変化している。そして、このアメリカ合衆国により進められてきた近代教育自体も問題がないわけではない。七〇年代になって近代化に伴うミクロネシアの社会問題に対して研究者の関心が払われるようになり、人類学者は非行や飲酒、自殺、子どもや配偶者への虐待についての調査を行い、これらの人々の行動からその意味を判断しようと試みた。また、ヘーゼル神父は、これらの付帯現象は、ミクロネシア文化の崩壊を予兆するものであると同時に、根強く残るミクロネシア文化の基本的な文化構造や価値観と関連していると述べる(3)。本節では、これらの近代化に伴う社会問題についてチューク州を中心に解説する。

自殺

チューク州の高い自殺率については、ヘーゼル神父の論文に示されている(4)。一九八〇年代、チューク州は太平洋島嶼国の自殺のメッカとして注目を集めるようになった。しかし、チューク州の自殺率のみがとりわけ高いわけではなく、一九七〇年代には、ミクロネシアの島々では、高い自殺率が記録された。表6が示すように、チューク州のみならず、近代化に伴って生じる社会問題としての自殺が多発しているのである。

チューク州の自殺の特徴を示したのが、表7～表9である。一九七〇年から一九八五年の自殺者一七三人のうち一六二人が男性であり、一五歳から二九歳の若者が一二三人と大半を占める（表7、表8）。自殺の理由は、「怒り」が一一〇人と、最も大きい（表9）。そして、自殺を引き起こした原因となる人間関係の対象は、「両親」が多いという研究もある。これらの統計データから、ヘーゼル神父はチューク州の自殺の原因を貨幣経済、アメリカ文化の浸透、親族関係の観点から説明する。男性の若者たちは、父親に対してアメリカ文化の影響を受け、「権利」として個人の労働の報酬、配偶者の決定を要求するが、父親はそれを拒否する。一方で、父親は子どもの家

表7　チューク州の男女別自殺数（人）

年	男性	女性	合計
1970	2	0	2
1971	4	0	4
1972	5	1	6
1973	5	0	5
1974	10	0	10
1975	14	0	14
1976	7	0	7
1977	10	0	10
1978	8	1	9
1979	16	2	18
1980	17	1	18
1981	15	3	18
1982	12	1	13
1983	12	1	13
1984	15	0	15
1985	10	1	11
合計	162	11	173

出　所：Hezel (1987)。

表8　チューク州の年齢別自殺数
（1970～1985年合計）

年齢	男性（人）	女性（人）	合計（人）	割合（%）
6-9	1	0	1	0.6
10-14	12	0	12	6.9
15-19	52	6	58	33.5
20-24	50	1	51	29.5
25-29	20	0	20	11.6
30-34	7	2	9	5.2
35-39	2	0	2	1.2
40-44	3	1	4	2.3
45-49	2	0	2	1.2
50-54	3	0	3	1.7
55-59	0	0	0	0
60+	10	1	11	6.4
合計	162	11	173	100

出　所：Hezel (1987)。

表9　チューク州の理由別自殺数
（1970～1985年合計）

	男性（人）	女性（人）	合計（人）	割合（%）
怒り	110	10	120	69.4
恥	19	0	19	11.0
精神疾患	9	1	10	5.8
中傷	24	0	24	13.9
合計	162	11	173	100

出　所：Hezel (1987)。

族における評価を現金収入ではかろうとするようになる。「権利」が認められない若者、高い評価を得ることができない若者が父親に対して「怒り」を感じるのである。また、親族の紐帯が核家族に歪曲化されることによって若者のストレスが発散できなくなっていることも高い自殺率の原因である。かつて若者の相談相手となっていた叔父は、ほかの家族の問題になるべく関わらないようにしようとする傾向にある。

土地問題

チューク州の人々にとって、彼らの居住する土地とその沿岸域は、とりわけ重要である。この土地、海域に関わる状況がどのように変化しているのか、その意味することをヘーゼル神父の論文から読み取っていこう(5)。彼らにとって、土地は「力、生命、希望と未来」であった。親族関係は土地所有制度と密接に関連してかたち作られてきた。家族の歴史は、土地の歴史ともいえる。しかし、急速な社会経済構造の変化によって土地と人々の関係は大きく変容している。チューク州では、伝統的に相続される土地は親族の共有財産である。男性の親族の長が全般的な権限を持ち、購入された土地は個人所有となる。最近では、土地をめぐる様々な問題が生じている。親族の長が、ほかの親族の合意を得ないままに共有財産である土地を勝手に売却するケースが典型的である。このような問題は、一九六〇年代に始まり、一九七〇年代、一九八〇年代に大きく増加した。

土地問題はかつて、親族内で解決されたが、現在では裁判所で争われる。裁判所ではアメリカ式の裁判が行われ、かつて親族が行っていたようなわだかまりの払拭ではなく、土地問題に関する明確な判決が下される。このような判決は時として、親族コミュニティーの不和の原因ともなる。人口の増加が土地問題をさらに深刻にしている。第二次世界大戦直後は約一万五〇〇〇人であった人口は、現在では五万人近くとなっている。しかし、最近では島外への移住者の増加が土地への人口圧を軽減している。土地の利用に対して十分な注意が払われていないことも問題である。住民の食糧を供給するイモ類の耕作地が荒廃したり、マングローブ林の伐採が行われ、魚類の生育環境が悪化している。また、政府の土地関連機関の機能不全も問題視されている。チューク州の住民は、「本能的に」彼らの土地に役人が関わることを拒絶する。住民の中には、役人が私欲のために行動することを懸念している者もいる。最近の問題としては住民の「土地無し化」が挙げられる。土地を売る理由は、ピックアップトラック（荷台付き自家用車）や船外機などの高額商品の購入を目的としたものが多い。そして、土地の購入者は裕福なビジネスマンが多い。その結果、土地保有の格差が生まれ、土地無し層も増加している。

教育爆発

チューク州の若者の教育水準は、アメリカ合衆国の援助によって飛躍的に向上した。しかし、社会経済に対する影響は必ずしも好ましいものではなかった。このプロセスをヘーゼル神父の著作から読み取ろう(6)。

一九六〇年代から一九七〇年代のアメリカ合衆国の信託統治下、「人的資本投資」の名の下、教育関連予算の拡大によって急速に教育水準が向上した。一九六〇年代中頃には小学校、一九七〇年代には中学校が普及した。一九七三年には中学校教育の普及がほぼ完了した。そして、連邦政府が大学進学希望者への予算を準備した結果、かつてより多くの学生が大学教育を受けることができるようになった。その結果、親たちはかけた教育費の見返りを期待するようになった。一九六〇年代から一九八〇年代の高等教育修了者の増加に伴い、政府は官僚機構を拡大した。こうして、政府は公務員の雇用機会を拡大したが、チューク州の経済は発展せず、高学歴者の失業問題が生じることとなった。高学歴者が賃金雇用部門に就労できないことは、本人や親のストレスにつながり、犯罪、自殺などの様々な社会問題を引き起こしている。特に、中等教育を終了した若者は、賃金雇用部門に就労することができず、出身地の島に戻り、自給的農業や漁業部門で生計を立てることが多い。彼らは、先の見えない将来を陽気に受け入れるというチューク気質から、かつて思い描いていた賃金雇用を手に入れることなくやりすごすのである。

チューク州の経済の将来展望

ミクロネシア連邦は、ヨーロッパ諸国、日本の統治、国連によるアメリカ合衆国を受任国とする信託統治の歴史を経て、一九七九年に四州によって構成される連邦制を取り、ようやく主権を回復した。アメリカ合衆国と自由連合関係を結び、多額の援助を受け、政治、経済、社会の近代化を目指している。人口は、一九七〇年代より二〇〇〇年まで右上がりに増加した。教育水準は向上し、州や連邦政府を担う公務員が育成された。一方で、民間経済部門は成長しておらず、経済は公務員部門と自給経済部門とに別れてしまっている。急速な近代化は、若者の自殺、土地問題などを生み出している。また、教育水準の高度化は、公務員部門以外の雇用を生み出すことができていない。若者の失業は、ストレスを生み、自殺、犯罪などにつながっているのである。

チューク州の人口は、ミクロネシア連邦において最大であるが、二〇〇〇年から二〇一〇年には減少している。これに対し、首都パリキールのあるポンペイ州では増加している。仕事を求めて、チューク州の人々がポンペイ州やアメリカ合衆国に移住している。チューク州の経済構造の特徴は、自給経済部門の割合が高く、雇用不足が深刻である。そのため、アメリカ合衆国からの送金収入が家計に占める割合も高い。

しかし、このようなチューク州の状況を必ずしも悲観的に捉える必要はないと考えられる。ミクロネシア連邦が現在抱える問題は、アメリカ合衆国依存の急速な近代化をいかに内部化するかということである。具体的には、若者の雇用と精神的安定を生み出す教育制度、土地問題などを調停する法制度をいかに構築するかが課題である。この課題に取り組むためには、非アメリカ的、つまり、ミクロネシア連邦あるいは各州の歴史や文化に根差した経済社会システムを構築していく必要がある。チューク州は、家計支出において「贈与」の割合が大きいことが示すように、依然として伝統的な社会紐帯が強い。アメリカ型の様々な近代制度を内部化するのに必要な伝統的な社会経済システムを残していると考えられる。現在、連邦政府、州政府、各島レベルの様々な階層での制度が、多くの社会問題に直面しながら、将来展望をひらく適応をもたらすために「共進化」(7)することが求められる。そして、この複雑な「共進化」のプロセスを設計していくことが、ミクロネシア連邦に合ったカスタム化された近代化の実現につながるのではないだろうか。

注

（1）ヘーゼル神父は、イエズス会の司祭であり、ＮＰＯミクロネシアン・セミナーの代表者としてミクロネシアの社会問題について多くの報告書や論文を発表している。
（2）FSM Visitors Board http://www.visit-micronesia.fm/index.html（二〇一七年四月閲覧）
（3）Hezel, F. X. 1989. The price of education in Micronesia. Ethnies: Droits de I, homme et peuples autochtones, 8-10: 24-29.
（4）Hezel, F. X. 1987. Truk suicide epidemic and social change. Human Organization, 46: 283-296.
（5）Hezel, F. X. 1994. Land Issues in Chuuk. Micronesian Counselor #16. Available at: http://www.micsem.org/pubs/counselor/frames/landchkfr.htm
（6）Hezel, F. X. 1979. Education explosion in Truk. Pacific Studies, 2(2): 167-185.
（7）共進化については、江頭進他編『進化経済学　基礎』（日本経済評論社、二〇一〇年）を参照のこと。

ミクロネシアにおける養取慣行の変化

中谷純江

ほかの親の子を引き取って育てる養取（adoption）や養育（fosterage）は、ミクロネシアの島々に広くみられる慣行である。養取の動機や頻度については、人口学や親族研究の視点から議論が行われてきた。例えば、チューク州のロマヌム島を調査したルース・グッドイナッフは、養子縁組の多さを感染症による不妊の問題と関連づけて説明した（1）。一方で、モートロック諸島のナモルク環礁を調査したマーシャルは、実子のあるなしに関わらず、非常に高い頻度で養子や養育が行われることから、親族間の共有や連帯と結びついたシステムであるとした（2）。養取に単一の要因を求めることをやめ、家族や親族組織や婚姻との関係において捉えると、ミクロネシアの養取慣行には、大きく分けて二つのタイプがあることがわかる。

一つは子どもへの権利が同一親族集団内で移動し、もう一つは親族と姻族の間で移動するものである。前者は家族や親族の名や財を継承する者を獲得する機能があり、後者には婚姻交換によって失われる成員の労働力を補う機能がある。前者の事例として、ウェクラーによるモキール環礁の養子慣行が挙げられる。モキール環礁では、土地は伝統的には島民の共同保有物であったが、西洋的な考えや現金収入がもたらされたことによって個人所有の形態をとるようになった。その結果、貧しい親族の支援や土地の権利移譲を目的とした養取が注目されるようになったという（3）。後者の事例は、チューク州のウルル島（現オノウン島）で調査をした須藤が報告している。ウルルは母系社会であり、現在は母系クランの下位単位である母系リネージごとに土地が分割所有されている（4）。日常生活は一、二世代の姉妹を中心にその夫と子と養子からなる居住集団によって営まれている。ウルル島には「（父のリネージの）後継ぎ」と呼ばれる養子がある。妻方居住であるため、婚出した父に代わって少なくとも子どもの一人、多くは長子が父のリネージに養取され、父の姉妹とともに暮らす。父のリネージとの紐帯を強化し、婚姻によって失われた労働力を補う意味がある(5)。

近年のミクロネシアでは、個人財の重要性が高まっており、例えば、ロマヌム島では、母系リネージが伝統的に共有で管理する土地やココヤシ園などがある一方で、父親から受けつぐ個人財（あるいはキョウダイの財）が大きな割合を占めるようになっている。かつては母系リネージの共有資源であった土地や労働力が、現在は核家族、または個人に帰すると見なされ、生産・再生産に関わる土地や労働力や出産能力を交換する主体がリネージから世帯または個人と変化している。近年島外移住により人口圧が減り、土地自体の価値が低下する中で相続に関わる養子は減る傾向にある。一方、婚出する労働力を補うため、あるいは関係強化のために姻族に与えられる養子は、ロマヌム島での私の調査によれば、二つの家族がともに男性を交換する交換婚に置き換えられる兆しがみられた。養子を通じた母系リネージ間の長期交換が減少し、婿となる男性を通じた家族間の短期的交換が増えていると理解できよう(6)。家族や親族の組織、婚姻や土地相続や養取システムは、土地や労働力や再生産能力などの生産資源を管理・利用する方法の変化に伴い、ダイナミックに変化してきたといえる。

〔注〕

（1）Goodenough. R. G. 1970. Adoption on Romonum, Truk. In: Adoption in Eastern Oceania. ASAO Monograph No.1. (Carroll, V. ed.), 314-340, University of Hawaiï Press, Honolulu.

（2）Marshall. M. 1976. Solidarity or sterility? Adoption and fosterage on Namoluk Atoll. In: Transactions in Kinship: Adoption and Fosterage in Oceania. ASAO Monograph No.4. (Brady, I. ed.), 28-50, University of Hawaiï Press, Honolulu.

（3）Weckler, J. E. 1953. Adoption on Mokil. American Anthropologist, 55(4): 555-568.

（4）クランは氏族集団をさし、共通の始祖を持つとみなされる人々の集まりである。多くの場合、外婚集団を形成し、同一クランのメンバーとの婚姻は禁じられている。リネージはクランの下部単位にあたり、父系または母系のどちらかを通して共通の祖先へと繋がりをたどることができる出自集団を指す。多くの伝統社会には、遺伝的に同一の祖先に結びつかない個人に、リネージのメンバーシップを与える文化的方法があり、養取はその一つである。

（5）須藤健一　一九七七　ミクロネシアの養取慣行─族制、土地所有、分配体系との関連で─　国立民族学博物館研究報告　二(二)：二四五～二八一

（6）Nakatani. S. 2013. Adoption in the changes of family, kinship, and marriage: A comparative view based on studies in Micronesia and India. Occasional Papers (Kagoshima University Research Center for the Pacific Islands), 53: 51-59.

第二部　ピス島

第一章　暮らし

山本宗立

グアム島でアイランド・ホッパーと呼ばれる飛行機に搭乗すると、一時間五〇分ほどでチューク州の州都があるウェノ島に到着する。ピス島はウェノ島から北北西約二五キロメートルに位置し、チューク環礁内の有人島としてはウェノ島から最も遠く、東西約一キロメートル、南北数百メートル、周囲約二・五キロメートルの非常に小さな島である（巻頭図2）。環礁上にある低くて平坦な島なので、ウェノ島の海岸線からはピス島を目視できない。そのため、両島の間にある二つの無人島が目印となる。ウェノ島から見えているピシラス島へ行くと、次のファナガット島が見えるようになり、ファナガット島へ行くと、ピス島が見える、といった具合である。四〇馬力の船外機をつけたグラスファイバー製ボートに乗ってウェノ島を出発すると、五～一〇分でピシラス島、二五～三〇分でファナガット島、そして五〇分ほどするとココヤシに覆われたピス島に到着する。カヌーで行き来していたときは丸一日かかったそうだから、船外機さまさまである。日中でも天候が悪いと、そしてもちろん夜間だとピス島は見えないが、島民は北東から南西へ流れる波の動きから、ピス島の方向がわかるという。彼らが言うには「サーフィン」のように波に乗っていけばいいのだ。

初めてピス島を訪れたのは二〇一一年八月。その日は天気がよく波も穏やかであったため、環礁内の海は湖の

海岸にはココヤシが生い茂る

ピス島の南側から見た島の全景

ように静かで、まるで鏡の上に乗っているかのような感覚を覚えた。その後、縁あって何度も島を訪れるようになり、島民と寝食をともにすることで、島の文化や社会に触れる機会が増えていった。そこで、実際に見聞きしたことや体験したことをもとにしてピス島の概要を紹介したい。

伝統的な社会「アイナン」

ピス島にはサポティウ（西側）とヌカン（東側）という二つの地区があり、島の中央部にカトリック系の教会、島の西側に小中学校(1)、そして島の東側には二〇一六年に新設された村役場がある（図1）。また、島には伝統的な土地区割が存在し、「誰々の家に行く」ではなく、「今からネアンゴルへ行く」、「彼はソパップにいる」というように、現在でも各区画に名付けられた伝統的な呼称を用いて行き先などを表現する。私が世話になっている家は島の北東部のラメニオンにある（図1下図のヌカン18）。

二〇一三年に世帯調査を行ったとき、ピス島には約四五世帯、約三二〇人が居住していたが、この「世帯」という概念が難しい。一つの敷地に複数の家族（多くは親子や兄弟姉妹）が暮らしているからだ。家計を同一にしていないというものの、実際には金銭を取り交わしていて判断がむずかしいため、同じ家で暮らしている場合は一世帯と便宜的に考えた。また、正確な人口も把握しにくい。島民の親戚がウェノ島に居住しているため、ピス島とウェノ

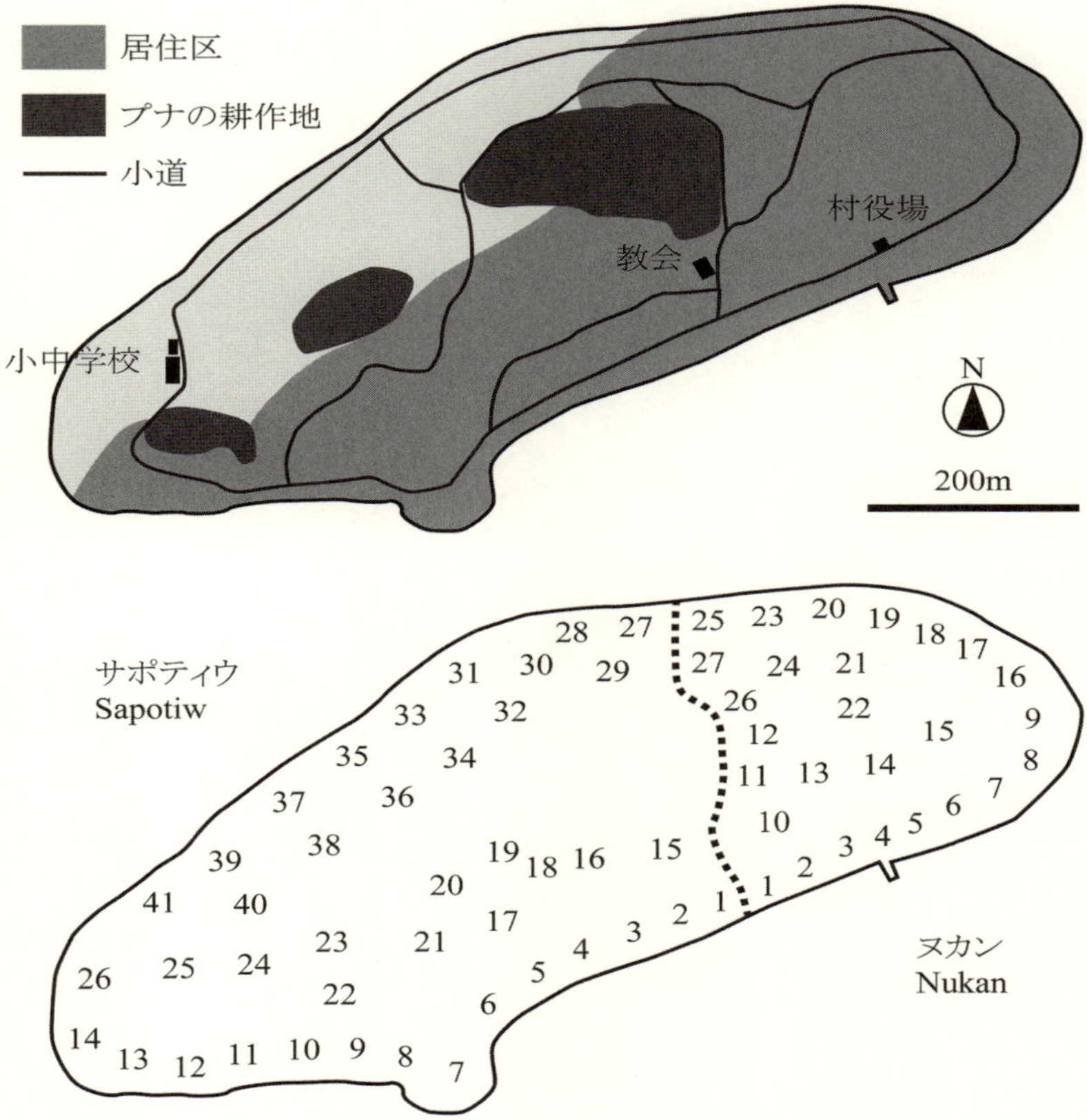

サポティウ
1: Nemoset, 2: Neangoru, 3: Nefene, 4: Nereng, 5: Neutenimach, 6: Nemenen, 7: Unukai, 8: Nichuken, 9: Fanongotaw, 10: Nefounap, 11: Nepat, 12: Eronan, 13: Sopap, 14: Neumoch, 15: Nemesimun, 16: Fanuma, 17: Neimwekis, 18: Nemen, 19: Nepinong, 20: Fanoneas, 21: Neot, 22: Fanong, 23: Chenupenges, 24: Nekunukun, 25: Pon, 26: Neon-anang, 27: Kuchupwerenong, 28: Tunukaimot, 29: Netu, 30: Nekepan, 31: Neinmaras, 32: Nepwawe, 33: Apichipichi, 34: Pareu, 35: Sikoki, 36: Nemaninkipwin, 37: Neinaku, 38: Faniaw, 39: Nepwichar, 40: Nechimweri, 41: Apasach

ヌカン
1: Neitiput, 2: Nenuk, 3: Fanaton, 4: Nesomwar, 5: Nefet, 6: Nemechach, 7: Faichen, 8: Neofot, 9: Nepungnong (Poken), 10: Nesaram, 11: Neor, 12: Neman, 13: Fanmeikoch, 14: Fameipo, 15: Neusou, 16: Tenifefin, 17: Nikiton, 18: Ramenion, 19: Manu, 20: Nara, 21: Nasanap, 22: Fanomunor, 23: Wichuk, 24: Fanuarau, 25: Neimwenap, 26: Pisichö, 27: Nikoungoung

図１　ピスの概略図 (上図、プナは *Cyrtosperma merkusii* の現地名）および島民への聞き取り調査から得られた伝統的な土地の名称の一部（下図）

島を行き来する人が多く、またグアム島やハワイ州などに一時的に暮らしている人もいる。近年の国勢調査の結果が公開されていないため、少し古い情報となるが、二〇〇〇年に行われた国勢調査の報告書によると、ピス島には五三世帯、五二三人とある(2)。近年人口が減少傾向にあることを考慮すると、実態とそれほどかけ離れたデータではないと思われる。

チューク州の島々は一般的に母系社会として知られており(3)、ピス島にはモッチ(Moch)、ファニメイ(Fanimei)、ポン(Pwon)、ウィスス・サポティウ(Wisusu Sapotiw)、ウィスス・ヌカン(Wisusu Nukan)、エネゲイタウ(Enengeitaw)の六つの母系出自集団(アイナン ainang)がいる。基本的には母親のアイナンを受け継ぎ、同じアイナンに属する人同士の結婚は禁止されている。ウィススはもともと一つであったが、一九五〇年代に二つにわかれたようだ。本来は一つのアイナンなので、ウィスス・サポティウとウィスス・ヌカンに属する人同士では結婚ができない、と考える人もいる。分離した理由については、想像をたくましくすると、アイナン内に軋轢があった、限られた人口の中での結婚を可能にするためだった、などを思い付くが、島民からは正確な情報を得ることができなかった。各アイナンはウット(uut)と呼ばれるミーティングハウスを持ち、何かを話し合う必要が生じればウットに集まる。島全体の会合は教会の南側にあるエネゲイタウのウットで行っている。

アイナンがピス島にやってきた順番も一部の島民には伝承されており、まずモッチがチューク環礁内にあるトル島から、次にファニメイがプルワット環礁から、そしてポンがウェノ島のイラスから、ウィススがナモッチョク(ラモトレック環礁のことか?)から、最後にエネゲイタウがトル島から来たらしい。また、アイナンによってはより詳細な移動経路が伝承されており、例えばウィススでは、ナモッチョク→トル島→ウドット島→トノアス島→ウェノ島→ピス島と移住してきたようだ。

各アイナンでは、アイナン内の継承順位に従って男性がアイナン長(サモーン・アイナン samone ainang)に就く。そして、ピス島の伝統的酋長《しゅうちょう》（ソウプン soupun）、つまり島の伝統的な社会における一番高位な立場になるのはモッチのアイナン長と決まっており、ほかのアイナン長は伝統的酋長にはなれない。多くの伝統行事が廃れてしまったため、伝統的酋長としての役割が減少したかといえば、実はそうでもない。後述する政府組織の一員をなしたり、会合や来客があれば村長・副村長とともに参加したり、チューク州全体の伝統的酋長会議に出席したり、と結構いそがしい。そのため、九〇歳を超えている現酋長の負担を軽減するために、継承順位に従った酋長代理がその役割を果たしている。

信仰や禁忌

ピス島にはカトリック系の教会が一つあるだけで、他宗派や他宗教の施設はない。毎朝および毎夕の祈りには当番の島民など少数が参加する傾向にある一方、日曜日の一〇時頃から行われるミサには多くの島民が正装して参加する。

海が荒れていたある日のこと、ウェノ島からピス島へ出発するとき、洗剤の空容器に入れた黒い液体を女性が海に注いでいた。それは、ココヤシなど特定の植物の葉に神父が祈りを込めて作った聖なる灰、ラムス（ramus）であった。ラムスには荒れている海を鎮める効果があるらしい。また、家を建てるとき、柱の根元にあたる部分に聖水を入れた小さな容器を置き、コンクリートで埋めていた。「のろい」に対抗できるそうだ。

ある晩のこと、世話になっている家の男性が苦しそうにうめいていた。チョヌッケン（chonuken）と呼ばれる「海の亡霊・幽霊」に取り憑かれたらしい。体のあちこちが痛くて叫んでしまうのだが、取り憑かれた本人にはその記憶がない。チョヌッケンに取り憑かれた場合は、伝統医が作る特別なオイルを体に塗って治療する。現在ピス島には伝統医がいないため、ウェノ島にいる女性の伝統医からオイルを入手する。漁などで海水に触れた人は、治療中の患者に触れてはいけない、あるいは患者がいる場に入ってはいけない、という禁忌がある。チョヌッケンとは別の幽霊に関する話を年配の男性から聞いた。ほかの島へ行くとき、そこで大きな音を出してはいけない。大きな音を出すと幽霊に取り憑かれてしまう。取り憑かれると、目が見えなくなったり、耳が聞こえなくなったり、声が出なくなったりしてしまう。

メチェン（mechen）と呼ばれる慣習法が過去には存在した。アイナン内に死者が出た場合、アイナン長が場所・期間を決めて、一切の採集や狩猟を禁止する。期間が終わると、その場所でとれた作物や魚などをアイナン内で共同飲食する。また、サメ類やエイ類を食べてはいけない、という特定の魚類に対する禁忌もピス島には存在する。

小さな島の複雑な政治情勢

ピス島の村長、副村長、村議員一二人は選挙によって選ばれる。島在住の成人（一八歳以上）だけではなく、グアム島・ハワイ州などに居住するピス島出身者にも選挙権がある。村長、副村長に立候補する場合は五〇人以上、村議員に立候補する場合は二五人以上の推薦者が必要となる。上記一四人に加え、伝統的酋長、アイナン長、サポティウ長、ヌカン長、教会代表、裁判長、警察組織によって村の運営がなされている。初めて選挙が行われたという一九九二年から二〇一四年まで、ベニート・ネレオ氏が村長を務めていたが、引退を表明したため、二〇一四年四月の選挙で新体制になることが決まった。

ベニート氏が村長だった頃は、村長・副村長派とその反対派が対立していたため、二〇一四年四月の選挙でも同様の構造になるかと思われたが、少し構造に変化が生じ、ロジャー・ロバート氏が村長、ラリー・ネレオ氏が副村長に当選した。しかし、村長選で敗北した候補者が票の集計の仕方がおかしいのではないか、と選挙結果に異議を唱え、最終的にはウェノ島にある裁判所で決着をつけることになった。裁判の結果、選挙結果は正当であるとの判決が下り、ロジャー村長・ラリー副村長の新体制が始まった。二年任期後の二〇一六年の選挙でも両氏が当選したため、政治的には安定しつつあるといえる。しかし、近年の選挙制度の改正により、村長・副村長の再任は一回のみとなったため、二〇一八年の選挙では現職が村長・副村長に立候補できない。村長が副村長に、副村長が村長に立候補することは可能であるが、政治や選挙に関する新たな問題が生じる可能性を秘めている。

ピス島はとても小さな島で、ほぼ全員が親族関係にあり、島民全員が仲良く暮らしている、と勝手にお花畑のような世界を想像していたが、内情はどろどろとした複雑な人間関係が絡み合っている。それはあまりに近すぎる関係、血縁だけではなく暮らしの距離感にも起因しているのかもしれない。外部からの訪問者の私としては、敵対者を作ると現地調査を円滑に進めることができなくなるため、できるだけ公平に、分け隔てなく「ニコニコ」するよう努めている。

さて、暗い話ばかりではなく社会システム「カーフュー」（英語の curfew の借用、門限・外出禁止令の意）を紹介したい。カーフューとは、未就学児は午後七時以降、小学生などの学生は午後八時以降、成人は午後九時以降、正当な理由がなければ家の敷地から出てはいけない、つまり島内をうろうろしてはいけない、という島の決まりごとである。過去にも実施していたようだが、二〇一四年から厳格な運用を再開した。私が初めて島を訪れてからの数年間は、若者が携帯音楽プレーヤーを抱えて大音量の音楽を流しながら夜中にうろうろしていたし、酔っ払いがわめきちらしながら勝手に人の敷地に入ったり、柵を壊したりしていたが、最近は平穏な夜を過ごしている。外出禁止の時間帯にどこかへ行きたい場合は、見回りをしている警察官を呼ぶか、警察官が待機している教会前、村役場が新設されてからは村役場前へ行き、警察官に同行してもらう。カーフュー再開前は、警察官は八人（長、副長、そして各アイナンから一人、アイナンを重視していることがわかる）だったが、今は十数人任命され、夜の見回りを交代制で務めている。警察官は村から給料をもらえるものの、現在のところはかなりの薄給らしい。

就任式のお祭り騒ぎ

二〇一四年に新たな村長・副村長が就任したため、同一一月二〇日に盛大な就任式（イナグレーション）が開催された。就任式に参加するため、私は前日に入島した。豚の解体・出漁・作物の調理などごちそうの準備、教会前広場に就任式用のテント・音響設備の設営、就任式で披露する歌や踊りの練習、ココヤシの葉を用いた帽子や団扇《うちわ》の製作など、真夜中になっても様々な作業を入念に行っていた。

就任式当日、午前一〇時頃会場へ行ってみた。ミクロネシア連邦大統領やチューク州知事にも招待状を送っていたのだが、残念ながら知事代理およびその関係者のみが来島していた。村長・副村長・村議員は白いシャツに黒いスーツを羽織り、革靴を履き、すでに準備万端。いつもの穴あきヨレヨレシャツ、サンダルとは見違える姿だ。机と椅子が置かれた貴賓席は花や果物で装飾がほどこされている。貴賓席に向かって左側にサポティィウ、右側にヌカンの住民が地面に座り、仮設テントはすでに超満員。正午、ついに就任式が開演。小豆色のポロシャツまたは黒色のTシャツを着た警察官が並び、知事代理に続いて、村長、副村長、村議員が仮設テント内の住民の間を通り抜けて貴賓席へ行く。まず司会が挨拶し、来賓が祝辞を述べたあと、サポティィウ側が歌いはじめた。どういうわけか女性や子どもたちが、指揮者や歌っている島民に香水を振りかけている。また、貴賓席の列席者が指揮者の耳や襟元、ポケットに一米ドル札を挟んでいく。お捻《ひね》りのようなものだろう。次の来賓挨拶のあと、またサポティィウ側が歌いはじめたとき、衝撃的な光景を目撃した。列席者が飴の入った大袋を脇に抱え、飴をわしづかみしたかと思えば、歌っている人たちに向かって飴をまいていくではないか！　すると会場が一気に盛り上がる。日本の棟上げのときに、餅や菓子類、小銭をまく様子と似ている。大人も子どもも関係なく、奇声をあげながらその飴を取り合う。ふくよかな成人女性も、この時ばかりはと俊敏に動いている。むしろ成人女性の方が積極的

村長や副村長らが入場

仮設テントの様子

サポティウ側が歌う

菓子類を配る列席者

新村長の挨拶

余興（女の子のハワイアンダンス）

ではないかとさえ思えるほどだ。新村長が挨拶をしたあと、今度はヌカン側が歌っていると、飴やスナック菓子類だけではなく、インスタントラーメンの袋まで飛んでくる。会場の熱気がすごい。その後も挨拶、歌、菓子類のばらまき、香水のふりまき、一米ドル札のお捻り、大騒ぎ、を繰り返す。

午後二時頃に一段落し、今度は余興の時間となる。女の子のハワイアンダンス、腰蓑《みの》をつけた男の子のスティックダンス（本来は戦いへ行く前に気合を入れる踊り）、成人女性によるアメリカンな踊り……。マイクを握って人々を煽り、盛り上げている男性がいる。来賓や島民も踊りに加わり、仮設テント内の興奮は最高潮に達する。七、八組の出し物があっただろうか。午後三時半過ぎに就任式が終了。お弁当を受け取り、島民は三々五々家に帰っていった。このようないわゆる「ハレ」の場は、普段の複雑な人間関係を一時的にリセットし、島民に一体感がうまれると肌で感じた。といっても、選挙で敗北した候補者はさすがに就任式には参加していなかったが。

島民総出の漁

就任式のほかにも、島民が一体となる瞬間に立ち会ったことがある。二〇一五年八月のある日の夕方、ラメニオンでお茶を飲んでいると、大きな叫び声が聞こえた。また酔っ払いのいざこざか、と思ったら、そばにいた副村長の双子の弟テディーが「魚だ！」と興奮し、急いで浜へ向かって走っていく。私もカメラを片手にサンダルも履かず追いかける。

するとどうだろう。ポッケンの海岸から外洋側に向かって男性たちが一列に並び、じわりじわりとこちらにやってくる。潮は少し引いており、水位は成人男性の太腿ぐらい。次々と男性が海に入っていく。ココヤシの葉を持って魚を追い立てている人もいる。浜には大勢の人が集まってきた。みんな奇声をあげ、手を叩き、お祭り騒ぎだ。ラリー副村長は浜から大声で指示を出している。直線が少しずつ湾曲し、ついに半円を描いた男性たちと

海岸から外洋側に向かって男性たちが一列に並ぶ

弧を描く男性たちが魚を浜へ追い込む

行き場のなくなった魚が浜に飛び出す

モムチス（アジ科のクサヤモロと思われる）

モムチスをアイナンに均等分配

ファニメイでの構成員への均等分配

浜との間に魚を追い込んだ。浜にいた男性が慌ててどこかへ走っていく。網を持ってきた。弧を描く男性たちが網を張り、できるだけ魚が逃げないようにする。少しずつ円を小さくしていくと、行き場のなくなった魚が浜に飛びだしてくる。モムチス（momuchis）というアジ科の魚（クサヤモロと思われる）で、三〇～四〇センチメートルの大きさ。網を持ちながら海岸へ近づいてくる男性たちは、モムチスを手でつかみ、浜へ投げている。浜に魚がどんどんと打ち上げられる。大漁だ。子どもが魚をこっそり持っていこうとすると、大人が大声で叱る。

得られた魚はアイナンに均等分配される。声を出して数えながら、つまりちょろまかすことなく、魚をクーラーボックスに入れていく。一つのアイナンに九七五匹ずつ、そして伝統的酋長に一〇〇匹を分配。約六〇〇〇匹の魚を得たことになるから、島民が非常に興奮していたのにも納得がいく。各アイナンでは、構成員一人ひとりに魚を均等分配する。ラメニオンに戻ると、ウィスス・サポティウとファニメイが魚の分配を行っていた。例えばファニメイでは、現在島にいる構成員が九三人（その中に私の名前もあった）なので、一人につき約一〇匹の分配となる。

魚の大群が浅瀬に入ってくることは、昔は月に一回くらいあったそうだが、今年はまだ二回目、昨年は一回だけだった。モムチスだけではなく、マグロ類やカツオ類の大群が浅瀬に来ることもあるらしい。島の言い伝えによると、島にいい人がたくさんいると、魚がたくさんやってくる。「私がいい人だから、私が滞在しているときに魚が来てくれたんだね」とラメニオンの家族と笑い合い、そしてモムチスをおいしくいただいた。

島における収入源

ピス島はチューク環礁の環礁上に島があるため、島の周辺は遠浅で、サンゴ礁が発達しており、水産資源は豊富である。ピス島の近くには八つの無人島、ピサメ島、ピシニニン島、ピセメウ島、オナフ島、テウェニック島、エバリット島、フォノチュ島、サプェル島がある（巻頭図2）。フォノチュ島およびサプェル島はウェノ島の島民が所有しているが、そのほかの無人島はピス島のアイナンが所有しており、島への立ち入りには各アイナンの許可が必要となる。例えば、エバリット島はファニメイが所有しており、ココヤシの果実などの採集やヤシガニの捕獲などを行いたい場合は、ファニメイの許可が必要となる。また、エバリット島の中央部にはプナ（*Cyrtosperma merkusii*）の耕作地もあり、ファニメイの構成員が管理をしている。ただし、ピス島および八つの無人島の海域については、島民であれば自由に漁を行うことができる。

漁法としては、素潜りによる刺突漁、手釣り漁、投網漁、トローリング、サンゴ礁における採貝などがある。貝類の採取は女性や子どもが行い、そのほかの漁法は男性が行うことが多いものの、性差による明確な分業はみられない。以前は爆薬を用いた爆発漁も行われていたが、水産資源保護の観点から現在は禁止されている。素潜りによる刺突漁は、昼間も可能であるが、魚の動きが鈍る夜間に水中懐中電灯で照らしながら魚を突く方が効率がよい。燃料代を工面できれば、マグロ類やカツオ類、シイラなどをトローリングによって捕獲する。サンゴ礁に付着するシャコガイ類やフタモチヘビガイ、サンゴ礁の中に潜むタコ、砂浜に生息するマガキガイやクモガイなどの採集も高頻度で行われている。満月の夜にはヤシガニやオカガニを捕まえやすいそうだ。

このような水産資源は、家庭内で消費されるだけではなく、現金収入源となる。島内で水産資源を売買することもあるが、多くの場合はウェノ島へ売りにいく。日本では魚によって単価が異なるが、ウェノ島では二〇一六年八月現在、すべての魚が一パウンド（約四五〇グラム）当たり一・七五米ドルで取引されていた。魚をウェノ島へ売りに行く場合は、五〜一〇人程度のグループで漁へ行く。各自が捕獲した魚の重量に従って収益が決まる。ただし、船によって漁を行った場合はその燃料代をグループ内で均等に割って支払う必要があり、ウェノ島へ売りに行くための往復の燃料代（約一〇米ガロン、原油価格により大きく変動するが、エンジンオイル代を含めると約五〇米ドル）や、船を操舵してウェノ島へ魚を売りにいく人に対する謝礼も支払わなければならない。ある

ピス島周辺での刺突漁（魚を銛に貫通させて帰島）

船を出して無人島周辺で刺突漁を行うことも

トローリングの準備

トローリングで捕獲したカツオ類

投網漁

採貝

日漁に出た男性は、八パウンドしか魚を獲ることができず、手元には数米ドルしか残らない、妻に怒られる、と嘆いていた。完全歩合制のため、刺突漁がうまければうまいほど収益が上がる。貝類に関しては、労力の割には値段が安く、どちらかといえば小遣い稼ぎに近い。魚も貝類も薄利多売のため、近年漁獲圧が高くなり、魚が少なくなった、魚が小さくなった、貝類を採集できなくなったなど、資源の減少を危惧する島民もいる。

さて、水産資源で一番儲かるのは何と言ってもナマコである(4)。九〇年代からナマコの仲介業者が島を訪れるようになり、日本人や韓国人、フィリピン人などいくつかの業者と取引をしていた。その後、二〇一一年十月にキリバス出身の仲買人が島を訪れ、村へ一年間に一〇〇〇米ドル支払うことを条件に、二〇一二年から島のナマコ取引を独占した。ナマコ産業の詳細な情報を得ようと仲買人に質問してみたが、香港へ送る、という以外は明確な回答を得られなかった。色々やましいことがあるのだろう。

ナマコは種類によって値段が異なり、パイナップル（peinaper　バイカナマコ?）、ペニキアチョ（penikiacho）、ペニマラン（penimwarang　シカクナマコ?）、が乾燥重量で一キログラム当たり二〇～二五米ドルと一番高価で、ペニフ（penifu）やペニカパッチ（penikapachi）が約一〇米ドル、ペニチョン（penichon）やエチェレウェ（echerewe）が約四米ドルであった。ナマコは採取後、内臓を取り除いてから一、二時間ほど茹でて（kuk）、二日間燻し（baikang）、その後、天日で乾燥させる（apwas）。乾燥ナマコを島の担当者へ持っていき、重量を測定して帳簿に記入し、後でお金を受け取る。

島の担当者にこっそりと教えてもらった情報では、二〇一三年一一月時点で、一週間に一回五袋（五〇パウンドの米の袋）をウェノ島へ持って行っており、一袋あたり四〇〇米ドルが収益となっていた。島民にとっては非常に大きな収入である。ウェノ島にいる元締めには海外から送金があり、島の担当者が一回につき一五〇〇米ドル程度を元締めから受け取って、漁獲量に従って島民に分配していた。しかし、二〇一五年にナマコの取引が緊急停止した。州政府が二〇一五年からの六年間はナマコ取引を禁止したためだ。六年後には一年間のみナマコ取

捕獲したナマコ

ナマコを茹でる

燻す（簡易）

ナマコを燻すためだけに作った燻製器

地面に敷いたマットなどの上でナマコを天日乾燥

トタン屋根の上でナマコを天日乾燥

引を再開する予定だが、仲買人は取引に関する対価を州政府に支払う義務が生じるようだ。ピス島のナマコバブルは一夜にして終焉を迎えた。

島で生活をしていて得られる収入は、前述したような水産資源の取引、州政府や村役場からの公務員としての給料に加え、日用品や嗜好品などの販売による収益がある。ある程度の資本がある世帯では、ウェノ島で品物を仕入れ、家の中の小さなスペースで缶詰（魚や肉）、インスタントラーメン、塩や砂糖などの調味料、スナック菓子、石鹸や洗剤、蚊取り線香、電池、紙おむつ、煙草《たばこ》、檳榔《びんろう》(5)などの日用品・嗜好品を売っている。また、一杯二五セントのコーヒーや一〇個入りで一・五米ドルのドーナッツ（現地語テンプラ）などを扱っている家もある。それぞれの販売には州政府からの許可が必要で、一年間の営業に対して雑貨屋は二五米ドル、コーヒー屋は二〇米ドル、パン屋は一五米ドルを州政府に支払う必要がある（二〇一五年一月現在）。闇営業のように見受けられる商売もあるが、規模も小さく、黙認されていると思われる。全体的にみて、日用品や嗜好品の値段をあまり高く設定していないため、各商店に大きな収益があるというよりは、島民が生活しやすいように、というボランティアの側面も少しはあるのではないだろうか。

それに対して、ビリヤード（現地語タマツキ）屋は儲かる。二〇一六年現在は一軒しか営業をしていないが、過去には複数のビリヤード屋があった。利用者は一ゲームにつき一〇〜二五セントを支払う必要がある。ビリヤードのテーブルやボール、キュー、チョークなどを一度そろえれば、維持経費はさほどかからず利益率が高い。娯楽が少ないため、男性が昼夜問わず集まり、一ゲームごとに少額を賭けて勝負をしている。漁で小銭が入ったかと思えばビリヤード屋へ行き、結局すっからかんになって朝方帰ってくる、なんてことも珍しくない。ビリヤード屋ではコーヒーや紅茶、菓子類、煙草、檳榔なども販売しているため、客が集まれば集まるほど儲かるというわけだ。

女性がビリヤードに参加することは皆無で、その代わりにビンゴゲームを時折開催し、これまた少額を賭ける

ビリヤード（現地語タマツキ）屋

女性の娯楽の一つであるビンゴゲーム

ことがある。男性のビリヤードと比べると、勝ち負け・儲けを競うというよりは、井戸端会議の様相を呈している。男性の参加者がいるとはいうものの、多くの場合は女性のみの参加なので、女性の娯楽の場になっていると思われる。

冠婚葬祭などまとまったお金が必要になったとき、「ファウンデーション」と呼ばれる会を開催することがあり、これまでに一度だけ参加をする機会を得た。教会前のエネゲイタウのウットに行ってみると、インスタントラーメンの箱詰め（一箱五、六米ドル）が四つ、大量の食事が詰め込まれたプラスチック製のタライが三つ、机の上に置かれていた。ロ一マ字と数字が一文字ずつ書かれたくじを一枚二五セントで購入して参加する。いわゆる宝くじだ。参加者は二〇~三〇人いただろうか。参加者が希望する枚数のくじを購入後、ローマ字・数字の書かれた札をそれぞれの箱から主催者が取り出す。当選者が出るまで札を引き続ける。一人につき宝くじを四枚購入し、三〇人が参加したとして三〇米ドルの収入。そこから食事の材料費やインスタントラーメンの購入費を差し引くと、どれくらいの収益があるのか。そのようなことを考えながら、私も宝くじを八枚購入して参加していた。すると何と二回も当たってしまった。私が儲かったということは誰かが損をしたわけで、申し訳ないと思ったが、世話になっている家族は大喜びだった。

島への海外援助

ピス島には電気・上下水道・ガスなどの公共公益設備がない。自動車やバイクなどの乗り物もなく、小道を歩いて移動する。しかし、島民は携帯電話や充電式の携帯音楽プレーヤーを持ち歩き、ハリウッド映画を小型DVDプレーヤーで観賞している。いったいどのような生活を送っているのだろうか。ミクロネシア連邦やチューク州の社会経済の現状については第一部第四章を参照いただくとして、ここではピス島における海外援助の具体的な事例を紹介したい。

島にはガソリン発動機および太陽光パネルによる発電方法がある。ガソリン発動機は個人で購入することが多く、夜間の照明、電動ポンプによる井戸水の揚水、集会などにおける音響機器の稼働、様々な電気製品の充電などに利用される。洗濯機を使っていたときにはさすがに驚いた。この島で必要か、と一瞬思ったが、井戸（現地語イト、釣瓶もツルベと呼ぶ）で大量の衣服を長時間かけて手洗いしている女性を思うと、洗濯機が女性にとって革命的な機器であることを再認識した。近年、欧米諸国の援助により太陽光パネルがいくつかの世帯に導入された。ガソリン発動機の燃料を購入する必要がないため、島民にとっては経済的に非常に助かる。しかし、太陽光パネルによる発電には蓄電池が必須となるが、蓄電池の故障を修理できない、蓄電池が寿命を迎えたあと新たな蓄電池を購入できない、といった理由から、太陽光パネルによる発電システムが利用されずに放置されている場合がある。援助に依存する姿勢が変わらない限り、太陽光パネルが近い将来に無用の長物となることは想像に難くない。

実は、日本の援助によって十数年前に大型製氷機およびそれを稼働するための発動機が島へ導入されたことがあった。しかし、機器の補修管理をできる人材が島におらず、すぐに利用されなくなったという経緯がある。島

井戸で洗濯

トタン屋根から流れ落ちる雨水を樋で受けて水タンクへ

に製氷機があれば、わざわざウェノ島で氷を買う必要がなく、漁の直後に魚を氷に入れて鮮度を保つこともでき、島民が経済的に恩恵を受けるはずだ。日本はそのような意図で援助をしたのだろうが、私が初めて島を訪れたときには、製氷設備はすでに廃屋となっており、海外援助の難しさを目の当たりにした。

新たな上水システムを構築するための援助でも同様の問題が起きた。島には上下水道の設備がないため、雨水を飲料水として、井戸水を水浴びや洗濯、食器洗い、トイレ（現地語ベンジョ）の排水などに利用している。屋根に雨樋（現地語トイ）をつけて、コンクリート製やグラスファイバー製の水タンクに雨水を溜めている。雨水や井戸水の水質を簡易検査キットで測定したところ、雨水は非常にきれいなことがわかった。私は雨水を沸かすことなくそのまま飲んでいるが、確かにお腹を壊すことはない。とはいえ、小さな島では水不足に悩まされる。長期間雨が降らなければ水タンクは空になり、雨水を利用できなくなるからだ。その場合は井戸水を飲用水として利用しなければならない。過去には沸かさずに飲むこともしばしばあったようだ。それでは井戸水の水質はどうかというと、一定量の微生物が検出された。世帯によってはトイレが家の敷地内に設置されている。下水が井戸に直接流入しないよう設計されているとはいうものの、トイレが井戸水の水質に影響を与えている可能性を否定できない。また、洗濯などの生活排水が井戸に流入している可能性もある。ちなみに、現在でも一部の島民は小便ならば所構わず（とは言いすぎだが）、大便は浜や海の中ですることが多い。浜を歩いていると、うんこ爆弾が散在しているので、歩くときには細心の注意が必要だ。

話を本筋に戻そう。ベニート・ネレオ氏が村長だった二〇一一年、トルコ（と言っていたが詳細は不明）から大型の援助を受けることが決まった。人が居住していないネパウェという区域の地下の帯水層から電動ポンプで揚水し、グラスファイバー製タンクに水を溜め、そこから全世帯に水道管を通して水を送る、つまり上水システムを構築するというのだ。初めは半信半疑であったが、二〇一三年一月に島を訪れたとき、海上には一軒の仮設住宅が浮かび、ウェノ島から来た技術者がこれまでに島では見たことのなかったショベルカーやトラックを用いて作業をしており、プロジェクトが着実に進んでいることがわかった。工事は二〇一二年九月に着工し、すでに島の全戸へ水道管を引き、蛇口の設置も完了したため、あとは揚水システムを構築するだけとなっていた。ネパウェに行ってみると、コンクリートの基礎の上にグラスファイバー製タンク（五〇〇〇米ガロン、約一万九〇〇〇リットル）が一基設置されている。オーストラリア人の技師がおり、電動ポンプによる揚水システムを作るために今から地面を掘る、というので見学させてもらった。九フィート（約二七〇センチメートル）の深さから揚水する。一家族一日当たり一五米ガロンを使うという想定で、水タンク一、二基あれば十分と考えているようだ。約一〇人の島民が時給一・五米ドル、日当一三、一四米ドルで雇用され、技術者の補助、土壌の掘削、整地作業、資材置き場での夜間の見張りなどを行っていた。現金収入源の乏しい島において、このプロジェクトが直接的に島の経済へ貢献していることがわかる。

ものすごく順調そうに見えたこのプロジェクト。海外援助の成功例か？と思いきや、事態は一変する。二〇一三年六月に島を訪問したとき、上水システムをすでに何度か試験的に稼働し、全戸の蛇口から水が出ることを確認した、と島民は言う。しかし、どういうわけか上水システムをまだ利用していない。不思議に思って島民に話を聞くと、ある若者が泥酔し、水タンクと水道管との接合部分を破壊したため、現在修理を待っている、

海上に浮かぶ仮設住宅

ショベルカーで帯水層まで掘る

揚水用の電動ポンプを設置

巨大なグラスファイバー製の水タンク

各世帯に設置された蛇口

水タンクと水道管との接合部分の損傷による水漏れ

とのこと。ここで島内の政治的な問題が絡んでくる。その若者というのが、当時の村長・副村長に政治的に対抗していたグループの関係者の息子だったのだ。当然、村長・副村長派は若者をすぐに逮捕しよう！と息巻いていたが、村長やそのほかの島民が話し合った結果、まずは州警察に相談しよう、ということで話がまとまった。その後、若者は罪を償うことになったのだが、この上水システムはというと、二〇一七年八月になっても未稼働のままである。近い将来に上水システムが稼働することを願ってやまないが、プロジェクトが終了して補修工事をする予算がないため、結局は一度も稼働せずに粗大ごみになるのだろう、と悲観的に考えてしまう自分がいる。

最後に台風襲来後の海外援助を紹介したい。二〇一五年三月末にカテゴリー5 (6) の台風がピス島を襲った。危険を感じた一部の島民は小中学校に避難した。非常に大きな高波が島に二回押し寄せ、一回目はヌカン地区の南側（特にウィスス・ヌカンのウット）を、二回目はサポティウ地区の南側（特にソパップ周辺）を直撃した。ソパップでは複数の家屋が高波に押し流されて全壊した。ソパップ近辺の家屋でも腰のあたりまで水没したという。二〇一五年八月に島を訪れたときは、パンノキの巨木が何本もまだ倒木したままで、これまでに利用されてきた小道を塞ぎ、家屋間の往来に支障をきたしていた。また、何とか持ちこたえたパンノキも、枝葉がほとんどなく、見るも無残な姿であった。潮風に弱い柑橘類は、枯死しているように見える樹が多かったし、バナナも多数折れたらしい。ココヤシは風に強いためか、パンノキや柑橘類、バナナほどの影響を受けていなかった。パンノキなどによってこれまで閉じていた樹冠がスカスカになったため、様々な雑草が一気に繁茂し、草丈が二メートルを超えている場所もあった。雑草に混じり、カボチャ類やスイカ、パパイヤ、トウガンなども自然に繁茂したらしく、パンノキやバナナなどの作物を入手できなくなった島において、これらは救世主のような役割を果たしていた。六〇代男性によると、これまでにも数回大きな台風を経験したが、毎回雑草に混じって上記のような作物が繁茂し、島民の生活を支えてきたらしい。

台風直撃後、アメリカ合衆国国際開発庁（ＵＳＡＩＤ）や国際移住機関（ＩＯＭ）、そして日本などの関係諸

台風による高波で全壊した家屋

半壊したウィスス・ヌカンのウット

枝葉がほとんどないパンノキおよびパンノキの倒木

パンノキの巨木が家屋間の往来に支障をきたす

配布された苗を植え付けた「畑」

ウィスス・ヌカンのウットが村役場に改築された

国・地域が援助を表明した。チューク州では飲料水の不足が懸念されたため、そして実際にピス島では水不足で井戸水を飲料水として利用していたため、台風が襲来してから二、三週間後には「IOM」(7)が大きな水タンクをウェノ島からピス島へ輸送し、高波で半壊したウィスス・ヌカンのウットに設置した。タンクの水がなくなると、村長が「IOM」に電話をする。すると給水用タンクを積載した船が来島し、ウィスス・ヌカンのウットにあるタンクに水を配給する。

「IOM」は二〇一五年五月からピス島で食料の配給を開始した。一カ月当たり米三〇〇〇パウンド、野菜油九〇米ガロン、トウモロコシ（粒状）の缶詰約一〇〇〇個、フルーツカクテルの缶詰約一〇〇〇個を島に配給し、島内で均等に分配する。例えば、一人一カ月当たり米一七パウンド、各缶詰七個ずつの配給というわけだ。食料の配給に加え、「IOM」はサツマイモやキャッサバ、バナナなどの苗を各世帯に配布した。苗の一部はポンペイ州やコスラエ州からの寄付だった。台風襲来前は、日本人が思い描くいわゆる「畑」は島内にほとんど見られなかったが、二〇一五年八月に島をくまなく歩いたところ、すべての世帯で「畑」を作り、配布された苗を植え付け、栽培管理を行っていた。台風の影響でパンノキやバナナなどの作物を収穫できないため、配布した作物を収穫できるまでは食料を配給するが、しかるべき時期が来たら自立した生活を送りなさい、ということだろう。食料の配給は二〇一六年二月に終了した。残念ながら、いや予想通りというべきか、二〇一七年八月現在、放棄されたような「畑」が数多く見られる。「畑」を作る習慣のない地域へ「畑」を導入することの意味・意義を考えさせられる。

「IOM」は台風によって全壊・半壊した公共施設、つまり各アイナンのウットの修理費用も援助しており、二〇一六年から順次ウットの修理が行われている。その一環として、ウィスス・ヌカンのウットが村役場に改築された。これまで村役場がなかったことに驚きを隠せないが、村の関係資料を維持・保存できる施設を開設できた点では、不謹慎な言い方ではあるが、台風被害がピス島に歴史的な転機をもたらしたといえるだろう。

注

（1）ミクロネシア連邦はアメリカ合衆国の教育制度の一つである八・四制を採用している。日本の教育制度に当てはめると、小学校の一年生から六年生と中学校の一年生から二年生が通う学校である。本章では便宜的に小中学校と表現する。二〇一七年三月現在、校長一人および教員三人が教鞭をとっている。ピス島には九年生から一二年生（日本の中学三年生から高校三年生に相当）の通う高校がないため、高校へ進学したい場合は、ウェノ島やグアム島、ハワイ州などの島外へ出る必要がある。

（2）Chuuk Branch Statistics Office. 2002. 2000 FSM Census of Population and Housing: Chuuk State Census Report. Chuuk Branch Statistics Office, Division of Statistics, Department of Economic Affairs, National Government, Weno, Chuuk.

（3）ミクロネシアの母系社会の詳細については、須藤健一『母系社会の構造―サンゴ礁の島々の民族誌』（紀伊國屋書店、一九八九年）を参照。

（4）アジア・オセアニアのナマコ産業については、赤嶺　淳『ナマコを歩く―現場から考える生物多様性と文化多様性』（新泉社、二〇一〇年）が詳しい。

（5）檳榔については、第二部第二章参照。

（6）サファ・シンプソン・ハリケーン・ウィンド・スケール。カテゴリー5は風速七〇メートル毎秒以上、中心気圧九二〇ヘクトパスカル以下などの条件を満たした猛烈な台風。

（7）ＩＯＭのみが援助を行っているわけではないが、島民はＩＯＭからの援助と認識している。そのため、本節では援助の総体あるいは窓口という意味で「ＩＯＭ」を用いる。

島の教育

濵島実樹

大学院のプログラムの一環で訪れた様々な島での経験は、私にとって大変貴重で刺激的なものとなった。自身の専攻する教育に関連して、ここでは二泊三日のピス島滞在中にわずかながら島の学校教育について見聞きしたこと、それらから考えたことを述べていきたい。

ピス島で、子どもたちが学校に行く姿を目にすることができたのは、滞在最終日の三日目の朝であった。私たち大学院生がウェノ島へ帰るのを見送りたいから学校には行きたくない、という子どもの言葉を嬉しく思ったのと同時に、島に来てから二日間見ることができなかった子どもたちの学校生活の実態に大変興味をひかれた。島に唯一ある小中学校(1)を訪れた際には、教室の後方に雑多に追いやられた机や椅子を見て、残念ながらきちんとした教育が行われていないという印象を受けた。私が訪れた当時、島には五、六人の教師がいたが、教師の都合で急に学校が休みになることもあるようで、教育に携わる教師の意識の低さを感じずにはいられなかった。

一方で、島民が学校教育に無関心かというと、決してそういうわけではない。「学校に行きなさい」と声をかける大人の姿を目にしたし、島の学校教育の現状を憂えて、子どもによりよい教育を受けさせるため、ウェノ島やグアム島、ハワイ州などへ子どもを転居させる家族もいた。とはいえ、自身の都合で子どもの教育をないがしろにする教師の身勝手さは、ピス島における学校教育定着の難しさの一要因であり、乗り越えるべき課題の一つといえるだろう。

ほかにも、ピス島がかかえる学校教育の課題の一つとして、子どもの学習意欲が低い、との話を耳にした。学習意欲の低さが何に起因するか定かではない。推測の域を出ないが、例えば、島では主に男性が漁業を行っ

ピス島の小中学校

て生計を立て、女性は家事を行う、といった男女の役割がおおむね決まっていた。求められるのは、漁師としての腕前や家事を行える技量であって、学問的知識を必要としないのかもしれない。また、耳にした教師の様子から、子どもの興味・関心を刺激するような授業を行っていないのかもしれない。さらには、ウェノ島の高校に通っていたが、校則違反で停学処分となり、島に帰ってきている子どももいた。島外の学校へ通うことを意識した指導が行き届いておらず、教師の適当な仕事ぶりを指摘できるのではないだろうか(2)。ピス島の学校教育は、主に教師自身の意識の低さに大きな問題があると考える。ピス島の学校教育をよりよいものにしようとするならば、教師の教育に対する意識改革が大切になってくるだろう(3)。

さて、縁あって二〇一七年四月より中学校の教師として小さな島に赴任することが決まった。教師の意識の差で教育が左右されることとは、日本の場合も同じだろう。教師としてどうありたいか、常に意識しながら学校教育に携わっていきたい。ピス島にて学校教育の現状を見聞きしながら憂えることしかできなかったときとは違い、自身が教師として学校教育に貢献できる機会に恵まれた。教師としての経験をいつか、ピス島の学校教育に生かすことができれば幸いである。

〔注〕
(1) 小中学校については第二部第一章の注(1)を参照。
(2) 例えば日本の離島地域の場合、島にある小さな学校から島外の大きな学校へ通う場合を意識して、子どもたちの自己肯定感を高め、大きな学校でも萎縮しないような工夫が行われている。
(3) ちなみに、日本の青年海外協力隊がウェノ島に派遣され、小中学校の教師として赴任している。残念ながら、教師派遣はピス島まで及んではいない。

第二章　伝統と近代が交差する食生活

山本宗立

シア・モンゴ！

島にいてこの言葉を聞かない日はない。シア（sia）・モンゴ（mongo）とは「一緒に食べよう」という意味だ。島民は食事を基本的には手で食べるが、現在ではスプーンやフォークも使う。食事をしているときに訪問者があれば、必ず「シア・モンゴ」と声をかける。ピス島では、自分たちが持っているものを気前よく提供して共有することが好ましく、自分のためだけに、という人は嫌われる。例えば、私が調査をしていた同時期に、欧米出身の研究者Zが調査のために来島していた。Zはウェノ島で自分の食べ物だけを購入し、その食べ物を島民に差し出すことがなかった。子どもたちが「少しちょうだい」と言っても、あげることがなかったらしい。それにも関わらず、Zの世話をしていた家族が所有するココヤシやパパイヤなどを勝手に収穫しては飲み食いをする始末。島民は次第にZとの距離を置き始め、最終的にはウェノ島からピス島へ帰る島民の船にZは同乗させてもらえなくなり、調査を中止せざるを得なくなった。

島を散策していると、食事中の家族から「シア・モンゴ」と声をかけられる。今では「もうご飯を食べた」とか「お腹いっぱいだ」と言って断ることができるようになったが、調査を始めたばかりの頃は、とにかく何でも食べるようにした。そのおかげで、島の伝統的な料理をいただく機会が増え、次第にピス島の食生活に興味を抱くようになった。

ミクロネシア連邦では、一九五〇年代までパンノキやバナナ、イモ類、海産物などを中心とした「伝統的」な食生活が営まれていたが、一九六〇年代にアメリカ合衆国農務省が補助給食プログラムを開始して以降、米や小麦粉、砂糖、脂肪分に富む食品、輸入加工食品などの「近代的」な食事に置き換わっていったとされる(1)。食事の近代化に伴い、糖尿病や高血圧、心臓疾患などの重大な健康問題を抱えることになったともいわれている(2)。そのため、輸入食品と比べてカロテン類やビタミン類をより多く有する地元食材の利用、そして様々な野菜類の導入が政府や非政府組織によって奨励されてきた。

ピス島で暮らしていると、確かにほぼ毎食米飯を食べるし、缶詰の魚や肉を加えたインスタントラーメンが続き、食事に飽きることがある。それらはすべて輸入食品である。その一方で、島内産の作物や島周辺で得られる海産物も結構な頻度で食べているように感じた。ピス島の人々は現在どのような食生活を送っているのだろうか。本当に食事は近代化したのだろうか。本章では、島における動植物の利用方法や食事調査の結果を紹介したい(3)。

生活必需品

まずは家の敷地にある食用植物から見ていきたい。二〇一三年八月に島の五七の居住区画において食用植物を調査した結果、三〇種以上の植物が栽培・利用されていた。区画ごとに各植物の有無を求め、出現頻度を算出したところ、パンノキ、バナナ、ココヤシは九〇％程度を示し、ほぼすべての区画で栽培されていることが明らかとなった（表1）。これらは飲食物としてだけではなく、燃料、材木、屋根、食器、籠、敷物、帽子、団扇《うちわ》などにも利用されており、島民にとって生活に必要不可欠な作物である。

表１　ピス島の家の敷地で栽培されていた食用植物 *1

和名 *2	現地名	学名 *3	出現頻度 *4
主作物			
パンノキ	*mai*	*Artocarpus altilis, A. mariannensis, A. altilis* x *A. mariannensis*	91.2%
バナナ	*uch*	*Musa* spp.	87.7%
インドクワズイモ	*kya*	*Alocasia macrorrhizos*	47.4%
アメリカサトイモ	*ooten japan*	*Xanthosoma sagittifolium*	28.1%
サツマイモ	*poteto*	*Ipomoea batatas*	14.0%
—	*puna*	*Cyrtosperma merkusii*	10.5%
サトイモ	*oot*	*Colocasia esculenta*	3.5%
キャッサバ	*tapioka* (*mwaniok*)	*Manihot esculenta*	3.5%
タシロイモ	*mwokmwok*	*Tacca leontopetaloides*	1.8%
果物など			
ココヤシ	*nu*	*Cocos nucifera*	91.2%
ライム、ダイダイなど	*naimis, kurkur*	*Citrus* spp.	54.4%
タコノキ属植物	*fach*	*Pandanus* spp.	49.1%
フトモモ属植物	*apen, fareap*	*Syzygium* spp.	49.1%
パパイヤ	*kipaw*	*Carica papaya*	43.9%
—	*apuuch*	*Crataeva speciosa*	31.6%
モモタマナ	*mengit*	*Terminalia catappa*	8.8%
サトウキビ	*wou*	*Saccharum officinarum*	7.0%
マンゴー	*mango*	*Mangifera indica*	7.0%
スイカ	*senia*	*Citrullus lanatus*	5.3%
バンジロウ	*guava*	*Psidium guajava*	1.8%
野菜・香辛料など			
—	*chaia*	*Cnidoscolus chayamansa*	29.8%
セイヨウカボチャ、ニホンカボチャなど	*pumpkin*	*Cucurbita* spp.	29.8%
トウガラシ、キダチトウガラシ	*mwik*	*Capsicum annuum, C. frutescens*	15.8%
カミメボウキ	*warung*	*Ocimum tenuiflorum*	14.0%
—	*spinach*	*Alternanthera sissoo*	12.7%
サキシマハマボウ	*pene*	*Thespesia populnea*	3.5%
ウコン属植物	—	*Curcuma* sp.	3.5%
トウガン	*tonga*	*Benincasa hispida*	1.8%
ヘビウリ	*snake bean*	*Trichosanthes cucumerina*	1.8%

*1：Yamamoto et al. (2015) を一部改変。
*2：和名については、日本熱帯農業学会編『熱帯農業事典』（養賢堂、2003 年）および日本作物学会編『新編　作物学用語集』（養賢堂、2000 年）を参照した。
*3：学名については、Balick, M. (ed.) 2009. Ethnobotany of Pohnpei: Plants, People, and Island Culture. University of Hawai`i Press, Honolulu を参照した。
*4：57 区画において食用植物の位置を記録し、区画ごとに各植物の有無を求めて出現頻度を示した。なお、家の敷地で栽培されていた食用植物のすべてを表 1 に示しているわけではない。

表2　ピス島における作物の在来品種[*1]

和名または学名	在来品種数	在来品種名
パンノキ	15	種子あり：oneas 種子なし：achapar、etepi、faior、meichon、meikoch、meinipis、meion、nesoso、nomunur、ropo、sawan、winiko、unupun、uwanaw
バナナ	12	amesepok（果実が太くて大型）、merech、neketan、peresein、punguch、uchirek、uchiton、uchunfishi（フィジーより導入?）、uchupanchu、uchupar（果皮が茶色）、uchusan、uchutop
ココヤシ	5	nuu araw（果皮が緑色）、nuu cha（果皮が赤色）、nuu mau（果皮が緑色と赤色の中間）、nuu pe、nuu sesen（小さい果実がたくさん生る）
Cyrtosperma merkusii	5	manekoukou（葉っぱに突起物あり）、pachon（茎が濃緑色）、ponen、sari（茎が白色）、simiten（茎が白色〜オレンジ色）
サトイモ	3	oot ca（茎が赤色〜紫色）、oot fais（ヤップ州のファイス島より導入?）、oot kaka（茎が濃い赤色）
インドクワズイモ	3	kya（茎が緑色）、munu（茎が紫色）、chanu

*1：Yamamoto et al. (2015) を一部改変。

パンノキはクワ科の常緑高木で、オセアニアが起源地と考えられている[4]。ピス島では、種子あり（二倍体、ゲノムを二セット持つ）が一種、種子なし（三倍体）が一四種、計一五種の在来品種が利用されていた（表2）。果実を収穫するときは、数メートルの棒の先に刃物を取り付けたイアス（ias）を持って木に登り、果柄の部分を刃物と棒の間に挟んでねじる。すると果柄が折れて、果実が地面に落下する。五〜一〇メートルの高さまですいすいとパンノキを登っていく男性の姿は圧巻だ。ひと昔前まで使っていたカヌーにはパンノキの大木が用いられていた。

島には家屋（イム imw）とは別にファノン（fanang）と呼ばれる調理小屋があり、そこで料理の下ごしらえから煮炊きまで行う。島ではココヤシの葉や果実の皮（中果皮＋外果皮）、核殻（いわゆるココナッツシェル）、そして様々な樹木の薪などを燃料として利用している。現在はマッチやライターで火をつけるが、過去には伝統的な火おこしの方法が存在した。また、灯油を用いた調理器具やカセットコンロを家屋内で使用することもある。

種子のある品種については、完熟した果実を生食することがあり、その風味はパンノキ属の別種ジャックフルーツに似ている。しかし、多くの場合は種子あり・種子なしに関わらず加熱した果実を食す。皮付きのまま火にくべて、中まで十分に火が通った後、皮を剥いて

樹上でイアスを使ってパンノキの果実を落とす

収穫したパンノキの果実

ファノンと呼ばれる調理小屋

パンノキの「種子あり品種」の根元に落ちていた発芽種子

パンノキの種子を茹でたもの、クリのような風味・食感

パンノキの果実を皮付きのまま茹で蒸した料理「アポナウ」

果肉を食べる料理「カピッチ（kapwich）」、皮付きのまま茹で蒸す[5]料理「アポナウ（apwonow）」などがあるものの、基本的にはまず皮を剥く。そのときに用いられる道具としては、包丁、ココナッツシェル、貝、そして排水溝の蓋がある。とにかく皮を剥くことができればいいのだ。皮を剥いていると、接着剤のような白いねちゃねちゃした乳液（アパッチ apach）が手にこびりつき閉口するが、ココナッツミルクを少し手に塗ってこすると、乳液が取れやすくなる。次に、皮を剥いた果実を六〜八等分程度のくし型に切り、それぞれの中心部分を取り除く。リンゴの芯を取り除く要領だ。皮や中心部分が取り除かれた果実の小片を、薄切りにしてから油であげて「パンノキチップス」を作ることもあるが、こぶし一つから二つ分の大きさに切って茹で蒸すほうが一般的である。その際、鍋の焦げ付きを防止するため、先ほど取り除いた果実の中心部分やココヤシの葉、雑草などを鍋の底に敷く。茹で蒸した果実は、そのまま食べると「ディペン（dipen）」と呼ばれる。ディペンの食感は調理方法や果実の熟度、品種によって異なり、ほくほくしていたり、しっとりなめらかであったりするが、概してサツマイモのそれに近い。味や香りはサツマイモとクリとの中間くらいで、おいもさんが好きな人にはたまらない食べ物だ。ちなみに、茹でたパンノキ種子もクリのような食感と風味をもつ。

茹で蒸した果実は「コン（kon）」と呼ばれるチューク州の伝統的・代表的な料理にも用いられる。コンを作る手順は以下の通りである。

搗《つ》き手（杵を使う人）はまずニッフ（nif 木盤）を準備する。木の枝を二、三本杭のように地面に打ち込み、ニッフを固定する。ニッフの表面を水で洗うとともに湿らす。準備が整うと、搗き手の補助者が熱々の果実を鍋から取り出してニッフに置いていく。搗き手はポー（poo サンゴ製の手杵）を用いて果実をすり潰し、なめらかにしていく。ときどきポーや手に水をつける。餅つきと同じで、すり潰した果実がポーや手にくっつかないようにするためだろう。また、果実が非常に熱いため、手を冷ます効果もあると思われる。適量をすり潰したところで、補助者は果実の供給をやめ、搗き手はポーで果実を搗きはじめる。カンカンカン。ポーとニッフがぶつかる甲高

パンノキの果実の皮を剥く

皮を剥くのに用いられるココナッツシェル

排水溝の蓋でも皮を剥くことができる

皮を剥いていると乳液（アパッチ）が手にこびりつく

皮を剥いた果実をくし型に切り中心部を取り除く

薄切りにしてから油であげたパンノキチップス

焦げ付きを防止するために雑草などを鍋底に敷く

くし型に切った果実を鍋にいれる

インドクワズイモの葉などをかぶせて果実を茹で蒸し

ビニール袋をかぶせて茹で蒸しにすることも

茹で蒸した果実「ディペン」

ココナッツミルクと和えたディペン

①サンゴ製の手杵（ポー）と木盤（ニッフ）を準備

②茹で蒸した果実をすり潰してなめらかにしてから搗く

③搗きあがったコンを楕円体状にまとめる

④コンにココナッツミルクをかけた料理「マタヌン・コン」

⑤すぐに食べない場合はコンをパンノキの葉で包む

⑥数日経過したコン、匂いが強烈だ

《パンノキのコンの作り方》

い音。私にはいまだに区別がつかないが、いい音であればあるほど、いい搗き手だそうだ。搗く作業は重労働であるため、搗き手の額から腕から体中から汗が噴き出る。これからできあがるコンにずいぶんと汗が混じり込んでないかい？なんてことを考えていてはコンを食べられない。搗き手はその作業の大変さから男性が担うことが多いものの、女性もこの作業を行う。搗きあがったコンは楕円体状にまとめられる。すぐに食べる場合は、できたてほやほやのコンを食器に乗せ、手で格子や花などの模様をかたどる。コンにココナッツミルクをかけた料理は「マタヌン（mwatunun）・コン」と呼ばれる。すぐに食べない場合は、パンノキの新鮮な葉を二枚から数枚合わせたもので包む。常温のままで少なくとも数日、人によっては一週間程度は持つと言う。しかし、数日経過したコンは強烈だ。すえた匂いがする。あの飲みすぎたあとに出て来るやつと同じ匂いだ。初めて食べたとき、私は腐っているのではないかとさえ思った。でも不思議なもので、後述するウミガメと一緒に食べた時、食べ合わせが絶妙であったため、「おいしい」スイッチが入ってからは、できたてのコンよりも数日経過したコンの方がおいしいと感じるようになった。

パンノキの収穫期には季節性があり、多くの品種は五月から九月くらいまでが最盛期だが、収穫期の異なる様々な在来品種を植えることで、ピス島では一年を通してパンノキの果実を利用することができる。とはいうものの、端境期には果実をほとんど得られず、最盛期には毎日果実を食べたとしても有り余るほどの収穫がある。そのため、「アポット（apot）」と呼ばれる発酵食品を作る。地面に穴を掘り、バナナなどの葉を敷き、皮や中心部分を取り除いた果実の小片を穴に入れて葉で覆ったあと、サンゴなどをその上に置く。現在では果実を地中に埋めることは稀で、鍋やプラスチック製衣装ケースなどの大きな容器に入れて、ビニール袋を用いて密閉し、地上で発酵させている。密閉後、一カ月もすれば利用できるが、長期間保存がきくため、アポットはパンノキの端境期に重要な食料となる。数日経過したコンと同様に、アポットも発酵臭がすごい。そのまま舐めてみると酸っぱいし、すえた匂いがする。乳酸発酵が起こっているのだろうか。アポットの標準的な料理方法は、まずニッフの上でア

①伝統な方法ではパンノキの果実を地中に埋める

②現在では大型の容器に入れて地上で発酵させることも

③ニッフの上でアポットをこねてなめらかにする

④水を加えて半固体状にしてからバナナの葉で包む

⑤茹で蒸したアポット

⑥ココナッツミルクを加えて茹で蒸した料理「マラカタ」

《パンノキのアポットの作り方》

ポットを手でこね、ゴミや硬い物質を取り除き、なめらかにしていく。なめらかにしたアポットをタライなどの容器に入れて水を加え、半固体状にする。パンノキやバナナの葉などを用いてどろどろのアポットを包み、鍋で茹で蒸せばできあがり。茹で蒸したものはねっとりとした食感で、酸味があり、ほんのり甘く、発酵臭が残っている。水ではなくココナッツミルクを加えて半固体状にしてから茹で蒸したものは「マラカタ（marakata）」と呼ばれる。こちらは水を加えたものよりも甘みが強く、ココナッツミルクのおかげか匂いがあまり気にならない。そのほか、茹で蒸したアポットにココナッツミルクを加えて再度練った料理であるアポット・タッカも食される。

ミクロネシアを含むオセアニアには、パンノキに関する儀礼がある。チューク州における儀礼の報告もあったため(6)、島民にいろいろと話を聞いてみたが、残念ながら現在は儀礼が行われていなかった。ただし、一九九〇年代まではコンや魚を伝統的酋長に献上するウム・サモーン（umu samon）と呼ばれる儀礼があった。八月に行われることが多く、ウィスス・サポティウのアイナン長が儀礼の開催を島中に知らせる役割を担っていた。タイワンウオクサギやクサトベラ、モモタマナ、キダチハマグルマなどの葉を混ぜて絞った特別なココナッツミルクをコンにかけて献上したそうだ。チューク環礁内には、現在でもウム・サモーンが行われている島があると聞くため、機会があれば一度参加してみたいと思っている。

パンノキほどは重要視されていないが、一年中安定して澱粉《でんぷん》源を供給できる陰の主役はバナナである。ピス島では一二種の在来品種が確認された（表2）。未熟な果実を主食として、熟した果実を果物として食べるが、割合としては未熟果の利用が圧倒的に大きい。茹でただけの果実、茹でた果実を荒くつぶした料理「シュクシュクン・ウッチ」、すり下ろした果実を茹でた料理「アマット・ウッチ」、荒くつぶしたり果実をバナナの皮に挟んでから茹でた料理、薄切りにした果実を焼いたり揚げたりした料理など、多種多様な食べ方がある。すり下ろした果実に砂糖やタピオカ澱粉、食紅などを加えてから茹で蒸した甘いカラフルな料理を作ることもある。バナナの葉はその大きな形状を生かして、先述したアポットを作るときの穴の敷材として、後述するウム（um 地炉 earth

ココナッツミルクと和えた茹でバナナ

茹でバナナを荒くつぶした料理「シュクシュクン・ウッチ」

バナナをすり下ろす女性と少女

すり下ろしたバナナを茹でた料理「アマット・ウッチ」

荒くつぶしたバナナを皮に挟み茹でる準備をする少女

茹でバナナを搗いて餅状にすることも（コン・ウッチ）

oven）の被覆材として、ときには傘として利用されるほか、適切な大きさに切り分けられた葉は皿や包装などに用いられる。バナナの花（蕾）も食用とすることがある。

ココヤシは飲料、調味料、燃料、建築や工芸の材料などに利用される。島には五種の在来品種があった（表2）。未熟果の果水、つまりココナッツジュースは、甘すぎない適度な糖分のほか、カリウムなどのミネラルを豊富に含む。ココヤシの収穫は往々にして若い男性が担っている。ココヤシの幹に足場を掘って階段状にすることもあるが、多くの場合は足場のない幹を手と足を使ってよじ登る。てっぺんまで登ったあと、いくつもの果実がなっている大元の果柄を山刀で切り落としたり、小果柄をねじ切って果実を一つずつ下に落としたりする。山刀で果実の蔕側あるいは反対側を切り落とし、飲み口を作って飲む。島では母乳の代わりとして乳児に果水を与えることもあるそうだ。炎天下で調査をしていて意識がもうろうとしたときに飲むココナッツジュースは格別だ。シュワシュワと微炭酸のような果水のこともあり、そのときは「あたり」と心でつぶやく。水を使わずココナッツジュースだけで米を炊くことがあり、その飯はほんのり甘く、ほのかにココナッツジュースの香りがしてうまい。ココナッツジュースを飲んだ後の果実を割ると、ココナッツシェルの内側に乳白色・半透明のゼリー状の胚乳（アペン appun）がある。ぷるんぷるんとしていておやつに最適だ。果実が熟してくると胚乳が硬くなり、その部分がココナッツミルクの原料となる。

少し熟度が進んだ果実については、木または金属の棒の先端を尖らせたもので皮（中果皮＋外果皮）を剥く。尖った部分に果実を刺して少しひねると、皮が浮かび上がる。刺す部分を少しずつずらして何度かひねると、すべての皮が剥けてココナッツシェルに覆われた核を得られる。簡単そうに見える作業なので、手伝いのつもりで一度挑戦してみたが、力加減や刺す方向の調整が意外と難しく、足手まといとなっただけであった。山刀で核をコンコンとたたくと、半分に割れる。果水は容器に集め、発酵させて酢として利用する。ココナッツシェルの内側には、数ミリメートルから一センチメートルほどの油分に富んだ硬い胚乳（タッカ taka）がある。果実の熟

ココヤシの果実をねじ切って落とす少年

山刀で果実の萼側を切り落として飲み口を作る

木の先端を尖らせたものでココヤシの果実の皮を剥く

ココヤシの熟果（中心部のスポンジ状の部分がオット、その周囲の油分に富んだ硬い部分がタッカ）

タッカを削る道具「プウェイケル」

プウェイケルにまたがりタッカを削る男性

削ったタッカ

削ったタッカを絞りココナッツミルクを鍋に入れる女性

ココナッツミルクを長時間煮つめて静置したもの

ココナッツオイル（上側の油の層）をすくう男性

度が進むほどタッカは分厚くなり、果水の量が減る。プウェイケル（pweiker）と呼ばれる器具にまたがり、先端がのこぎり状になった金属の部分でタッカを削る。削ったタッカを絞った液体がココナッツミルクだ。伝統的な方法ではココヤシの葉の付け根にある網目状の繊維で絞るが、現在は布や金属製のこし器を使うことが多い。絞りかすは豚の餌になる。削らずに包丁で小片にしたタッカをカリコリ噛みながら魚や肉と一緒に食べることもある。さらに熟した果実には果水がなく、果水が入っていた部分には白いスポンジ状のオット（ot）が詰まっている。オットをかじるとサクサクとしており、ココナッツミルクのような液体がジュワーと口に広がる。食べない場合はこれまた豚の餌になる。

ココナッツミルク（時には少し煮つめたもの）は、パンノキやバナナ、イモ類などの料理にかけたりまぜたりして使う。また、水とココナッツミルクに塩を加えて煮た魚のスープ、「コチュ(kochu)」または「カチュ(kachu)」は私の一番のお気に入りだ。魚の出汁、塩分、ココナッツミルクの甘味・油分・風味のすべてが調和しており、そのまま飲んでも、カレーのように米飯にかけても、抜群にうまい。世話になっている家族は私がコチュ好きだと知っており、新鮮な魚が手に入ると、「コチュにしようか?」と聞いてくれる。塩で煮るだけよりもタッカを削る作業が増えるため、面倒をかけるとわかりつつ、ついつい甘えてしまう。

ココナッツミルクを長時間煮つめて静置すると上側に油の層ができる。これがココナッツオイルだ。現地ではティカ(tika)と呼ばれ、食用油として使うほか、水浴び後のローション、日焼け止め、虫除けなどとして体や髪に塗る。とある夜の集会で蚊に悩まされていたとき、ティカを塗るとよいと教えられ、ベトベトするから嫌だなと思いつつ塗ってみたら、蚊に悩まされなくなった。また、ティカは男女を問わずおめかしには欠かせない。

ココヤシは飲食物としてだけではなく、燃料としても重要である。乾燥させた皮(中果皮+外果皮)、タッカを削ったあとのココナッツシェル(少しタッカが残っており、その油分により火力が強い)、乾燥させた葉、開花・結実後に自然落下してくる花序を包んでいた苞など、すべて燃料として用いることができる。乾燥させた皮を燃やすと蚊除けの効果があるようで、煙に忌避成分が含まれるのか、煙自体に効果があるのかはわからないが、ある無人島で無数の蚊に襲われたとき、皮を燃やしてみると蚊にくわれる回数が減った。

ココヤシの幹や葉は、建物や日用品の材料として用いられる。世話になっている家族との団らん中に、「伝統的な家屋があるといいな。そこでのんびり寝転んだりできるといいな」と言ってみたら、次に島を訪れたときにはすでに小屋が完成していた。ココヤシの幹を柱に使い、葉で編んだものを屋根に葺き、枯れた大きな葉をいくつも立てかけて壁のようにしていた。風通しがよく、夜な夜な男性たちとたむろした。また、葉を編んで敷物や籠、団扇、帽子などを作るし、小葉の中軸を集めて箒を作ることもある。ココナッツシェルはその硬さと形状を生かし、容器として利用できるはずだが、島ではこれまでに灰皿としての利用くらいしか見たことがない。

ココヤシの皮（中果皮＋外果皮）を燃料として用いる

伝統的家屋（柱はココヤシの幹、屋根はココヤシの葉）

ココヤシの葉で団扇を編む女性

完成した団扇

ココヤシの葉で帽子を編む人々

ココヤシの幼樹の新葉を皿として使う

イモ類――毒抜きが必要なインドクワズイモも食べる――

ピス島では、サトイモ、アメリカサトイモ、サツマイモ、キャッサバ、*Cyrtosperma merkusii*（現地語プナpuna）が家の敷地で栽培されていた。また、救荒作物という意味合いが強いインドクワズイモやタシロイモは、ほぼ管理されることなく野生のように生えているが、邪魔にならなければ敷地から取り除かれることはない。パンノキやバナナ、ココヤシと比べると、島の居住区画における各イモ類の出現頻度は低い（表1）。しかし、イモ類が島民にとって重要ではない、というわけではない。

プナ（在来品種は五種）は、居住区画における出現頻度は約一〇％と低いが、イモ類の中では利用頻度が一番高く、島内産の作物としてはパンノキ、バナナに次ぐ澱粉源である。その理由は、島の中央部分にある湿地でプナを栽培しており（第二部第一章図1参照）、島全体としてはほかのイモ類と比べて圧倒的にプナの栽培面積が広く、個体数も多いからだ。プナは水田のようなどろどろした場所で栽培されるため、収穫などの作業は重労働である。五〇年ほど前まではプナの耕作地における共同作業があったらしい。また、プナの耕作地へ行く前に食事をすることが許されていなかったため、昔は朝早くに作業を行っていたが、現在ではそのような習慣は廃れてしまった。プナを収穫したら、地下茎についている泥を水で洗い落とし、皮を剥いて適当な大きさに切ってから茹で蒸す。プナは繊維質で少し硬く、そのまま食べるとモサモサする。ぎゅっと詰まったずっしりとした肉質で、一口食べただけでお腹が一杯になりそうなほどだ。パンノキと同様に茹で蒸したプナを搗いて餅状にすることがあり、これもコンと呼ばれる。コンの材料を明確に伝える場合は、コン・プナ、コン・マイ（パンノキのコン）、コン・ウッチ（バナナのコン）などのように作物名をつける。プナは上記のような肉質であるため、入念にすり潰してから搗く必要があるし、できあがったコン・プナはコン・マイと比べるともちもちしていない。バナナの

プナの耕作地

木の棒でプナの地下茎を掘り出す男性

泥を洗い落としたプナの地下茎

茹で蒸したプナの地下茎、食べるとモサモサする

茹で蒸したプナの地下茎を搗いて餅状に（コン・プナ）

できたてのコン・プナにココナッツミルクを絞る

ようにプナをすり下ろしてから茹でる料理もある。ほかのイモ類は茹で蒸しにして食べることが多い。

一部のイモ類は、収穫期を迎えてもすぐに掘り出す必要がなく、ある程度の期間内であれば問題なく食べることができる。つまり、パンノキやバナナなどを入手できないときに、そのようなイモ類を収穫すれば澱粉源を確保できるため、イモ類が島の食物生産をより安定的にしているといえる。各イモ類の貢献度はそれほど高くなくとも、すべてのイモ類を一つの澱粉源として捉えると、パンノキやバナナにも劣らない、というわけだ。

インドクワズイモやタシロイモは現在ではほとんど利用されていない。毒抜きなどの処理が必要なため、ほかの主作物を容易に入手できるのであれば、わざわざ煩わしいことをする必要もない、といったところだろう。しかし、適切に調理をすれば食べることができると島民に言われると、無性に食べてみたくなった。そこで、毒抜きの方法を知っているという当時五〇代の男性に相談したところ、「まかせろ！　皮を厚めに剥き、長時間茹でればいいだけだ！」とインドクワズイモを調理してくれた。見た目はサトイモのような色。わくわくしながら食べてみると、食感は茹でたサトイモとナガイモの中間くらいか。うん？　なんだかイガイガするぞ？　口の中や喉が猛烈にかゆくなってきた。適切に毒抜きできていなかったのだ。男性は涼しい顔で、煙草を吸えばイガイガが治るよ、と言う。確かにイガイガは治まったが、毒抜きという伝統知がもう継承されていないのかと落胆した。

この笑い話はすぐに島を駆け巡った。すると幸運なことに、そして灯台下暗しだったが、世話になっている家族は今でもインドクワズイモを食べることがあるというではないか。後日、インドクワズイモを調理してもらった。おろし金がなかったため、まずその製作から始まった。金属板に釘でとんとんと穴をあけていく。おろし金（アマット amat）の目立てだ。根茎の断面をよく見てみると、皮から数ミリメートルのところにうっすらとした線が入っている。その部分より外側をすべて削り落としてからすり下ろす。すり下ろしたものを容器の上で布などを用いて絞る。この絞りかす、そして絞り汁の沈殿物を利用する。絞りかす、沈殿物、ココナッツミルク、小麦粉、砂糖を混ぜ、こねてからバナナの葉で包んで茹で蒸す。できた料理は「アマット・キャ」と呼ばれる。し

①インドクワズイモ

②お母さんの指示に従ってインドクワズイモの根茎を収穫してきた少年

③収穫したインドクワズイモの根茎

④おろし金「アマット」の目立て

⑤インドクワズイモの根茎の皮を削り落とす

⑥アマットで根茎をすり下ろす

《インドクワズイモの調理方法》

⑦すり下ろした根茎を布で絞り、絞りかすと絞り汁の沈殿物を利用

⑧絞りかす、沈殿物、ココナッツミルク、小麦粉、砂糖を混ぜてこねる

⑨バナナの葉に包む

⑩鍋底にバナナの葉を敷き、すり下ろさなかった根茎をまず入れる（豚の餌になる）

⑪バナナの葉で包んだ「アマット・キャ」を鍋に入れて茹で蒸す

⑫できあがったアマット・キャ

《インドクワズイモの調理方法》

っとりとした食感で、砂糖やココナッツミルクの甘味が強く、主食というよりはお菓子に近かった。料理に使わなかった根茎や根茎の削りかすは、茹でて豚の餌とする。

タシロイモについては、すり下ろした塊茎の絞り汁を容器に入れて静置すると、澱粉が沈殿する。沈殿した澱粉を取り出し、新しい水を加えて攪拌したら静置する、という作業を何度か繰り返せば、純度の高いタシロイモ澱粉が得られる。しかし、私が島を訪れるようになってから今日まで、残念ながらその利用を見たことはない。

食事を華やかにする柑橘と唐辛子

家の敷地で栽培されている果物を見てみると、柑橘類(7)やタコノキ属植物、フトモモ属植物、パパイヤなどの出現頻度が五〇%前後と比較的高く、そのほかには *Crataeva speciosa*（現地語アプーチ apuuch）の出現頻度が三〇%を超えていた。

チューク州と比べて降水量が少ないキリバスなどの地域では、タコノキ属植物（いわゆるパンダヌス、奄美・沖縄地域ではアダンと呼ばれることが多い）が非常に重要視されるが(8)、ピス島では果物としてときどき食べる程度である。熟した果実の小核果をしがんで甘い果汁を楽しむ。私は夕張メロンのような香りがすると思うが、同僚から同意を得たことはない。フトモモ属植物は少なくとも二種栽培されているが、大部分はオオフトモモ（ジャワフトモモ）と思われ、その果実は円錐台で熟果は赤く、甘味は少ないもののみずみずしく、しゃきしゃきとした食感が楽しめる。パパイヤは未熟果を野菜として、熟果を果物として利用する。アプーチは英語ではガーリック・ピアーと呼ばれ、果実は長さ一五〜二〇センチメートル、幅五センチメートル程度の長円筒型、果皮は緑色で白い斑点があり、熟果の果肉は薄黄色である。食べてみると、ニンニクというよりはプロパンガス（実際はプロパンガスではなく人工的に着臭された硫黄系化合物だが）の匂いという印象を受けた。果物としてだけでは

パンダヌスを収穫した男性

パンダヌスの熟した果実、小核果をしがんで楽しむ

パパイヤの熟した果実

パパイヤの未熟果を加えたラーメン

アプーチの果実

アプーチの果実の薄切り、削ったタッカとともに食べる

カボチャの果実をすり下ろしたお菓子

トウガンの果実を加えたラーメン

サツマイモの新芽・新葉を収穫し、料理に用いる女性

ヘビウリを収穫した男性

魚料理にはライムが必須

ココヤシの酢に唐辛子を加えた調味料「マナキニ」

なく、果実の小片はイランイランノキの花とともに首にかける花かざり（マラマル mwaramwar）に利用される。この花かざりの匂いは独特かつ強烈であるため、飛行機でその匂いがすると、チュークからの乗客がいるな、とすぐにわかるほどだ。そのほかに、スイカやサトウキビ、バンジロウ（グアバ）なども栽培されているが出現頻度は低い。また、マンゴーを植えている島民もいたが、これまでに果実がなったことはないそうだ。

野菜では *Cnidoscolus chayamansa*（現地語チャイア chaia）やカボチャ類、唐辛子類などの出現頻度が一五％以上であった。カボチャ類は、果実や新芽・新葉をスープに入れたり、果実をすり下ろしたものにタピオカ澱粉や砂糖などを加えて茹でてお菓子にしたりする。また、チャイアの新葉やサツマイモの新芽・新葉、トウガンの果実、ヘビウリの果実なども野菜として利用されるが、全体的に見て野菜類は家の敷地であまり栽培されていない。

島内産の香辛料が乏しく、味付けが輸入品の塩や醤油に頼りがちな食事に、あったらうれしいものは柑橘と唐辛子であろう。魚の刺身や素揚げ、直火焼きなどにライム（ナイミス naimis）を絞って食べると食事が華やぐ。ライムの果汁に唐辛子、塩、醤油などを加えたつけだれに魚・肉料理をひたして食べるとおいしい。また、ココヤシの酢に唐辛子を加えた調味料である「マナキニ（manakini）」は、つけだれとしてだけではなく、米飯やスープにかけるだけで風味がぐんと増す。東南アジアなどでハーブとしてよく利用されるカミメボウキは、スープなどに加えることはあるものの、島では花かざりの材料として用いられることが多い。

宴にはウム料理がつきもの

島では豚、犬、鶏が飼育されている。豚は宴において非常に重要な家畜であるため、各家庭で大切に飼育されている。屠殺《とさつ》した豚の毛は熱湯をかけながら包丁でがりがり削る。その後、パパイヤの未熟果の輪切りで皮をこ

島で飼育されている豚

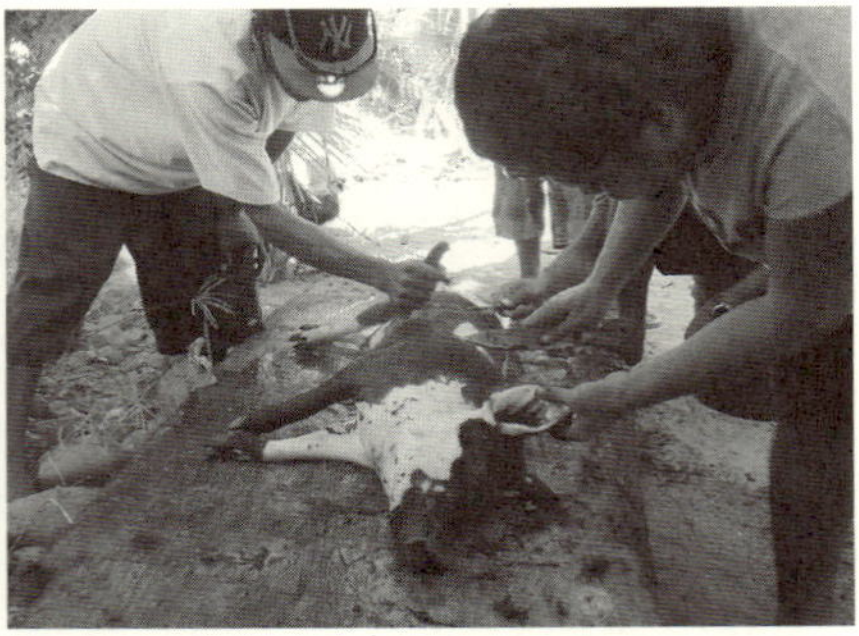

熱湯をかけながら豚の毛を包丁でがりがり削る

頭を落として腹を割き内臓を取り出す

豚の頭を茹でる

豚の内臓と血を炒める、内臓と血も余さず利用

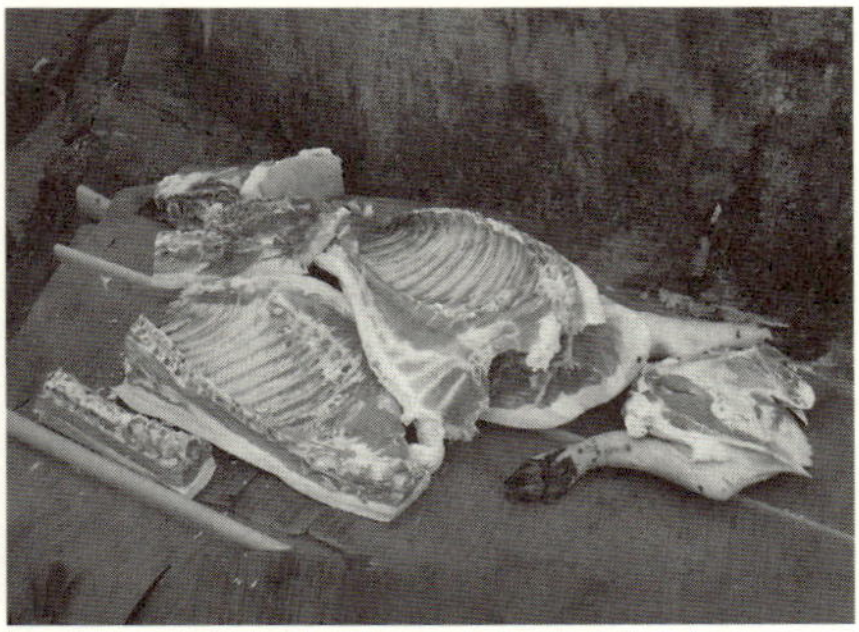

解体された豚

するときれいになるらしい。もしかしたら、未熟果に含まれるタンパク質分解酵素パパインの効果かもしれない。内臓や血も捨てずに利用する。犬は番犬としてだけではなく食用としても飼育されており、その扱いは豚と比べると怒られたり蹴られたりと散々だが、宴やちょっとしたパーティーのときに犬肉は重宝される(9)。犬の場合は、ココヤシなどの枯れた葉に火をつけ、その火で毛を焼きながら包丁で毛をこそぎ落とす。豚と同様に内臓や血も利用する。島全体でみると鶏の個体数はそれほど多くなく、若い男性や男の子が闘鶏用に鶏の世話をしていることが多いが、闘鶏用であろうがなかろうが、もちろん鶏も食用とされる。そのほかに、ボニック（bonik）と呼ばれる野鳥を食べているのを見たことがある。子どもがパチンコ（現地語でもパチンコ）を用いてボニックを捕獲したらしく、ボニックの皮を剥ぎ、ココヤシの葉軸をボニックの口から肛門へ突き刺して直火焼きにしていた。カツオ類の香りがするといわれて食べてみると、確かにその通りだった。

島の周辺で獲れた魚は、刺身、直火焼き、塩煮、スープ、ソテー、素揚げなどにして食べる。包丁などで鱗を取ることもあれば、魚によっては指で鱗をはがすこともある。魚の皮を剥くことはほとんどない。刺身といっても日本の刺身とは少し違う。小型の魚であれば皮付きのまま格子状に切れ目を入れ、醤油や柑橘の果汁をかける。魚が新鮮なため、指で肉をちぎり取ることが難しく、そのまま魚にかぶりつき、歯をうまく骨に沿わせ、口の中に肉をこそぎ落とす。カツオ類などの大型の魚は、皮付きのまま、稀に皮を剥くこともあるが、柵取りをしてから薄切りにする。その場合は、醤油や柑橘の果汁、マナキニ、ココナッツミルクなどと先に和えることもあれば、塩やつけだれにつけて食べることもある。ある日、トローリングでカツオ類が一〇匹ほど釣れたとき、子どもたちが集まってきて、われ先にと心臓だけを取り出してそのまま食べていたのには驚いた。カツオ類をさばいている様子を観察していると、腹身に寄生虫が何匹もうねうねしていることがある。寄生虫が結構いるな、でも刺身にする背身まではまだ入り込んでいないだろうな、という希望的観測のもと、刺身をいただいている。ハタ類はスープや素揚げにすると皮がぷりぷりしておいしい。

①犬を木に吊るし、こん棒で頸椎を一発たたき屠殺

②ココヤシの葉などを燃やし、犬の毛を焼く

③海辺で犬を解体、内臓も海水で洗い利用

④解体された犬

⑤犬肉とバナナを金属板に載せてウムに入れる

⑥どこからともなく人が集まり、ウムのそばで宴が始まる

《犬食文化》

闘鶏の様子

鶏を海辺でさばく

地鶏のココナッツミルク煮

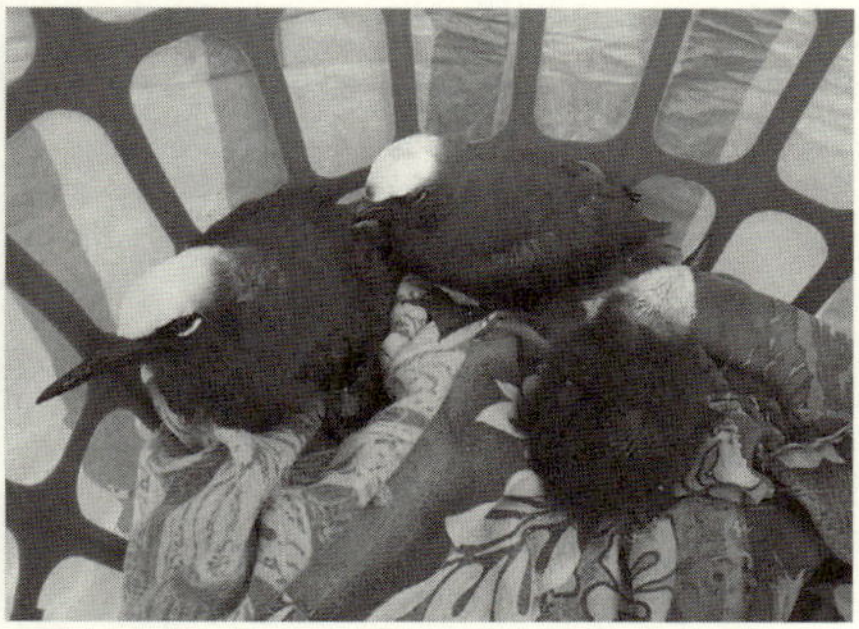
野鳥ボニック

ボニックの皮を剥ぎ、ココヤシの葉軸を口から突き刺す

ボニックの直火焼き

ウェノ島へ行かないと氷が手に入らないため、大漁のときはイケション（ikeson）と呼ばれる干物を作る。魚を開いて内臓を取り出し、水に浸けて血を抜く作業を何度か繰り返し、塩をして一晩か二晩おいておく。それをそのまま食べることもあるが、日光に当てて乾燥するまで干せばイケションのできあがり。大型の魚の場合は切り身をイケションに用いる。

魚に加えてタコ、貝類、ナマコ、ヤシガニやオカガニなどの甲殻類、ウミガメを食べる。タコ料理には、スープ、干物、刻んだタコと墨との炒め物などがある。シャコガイ類やフタモチヘビガイは生の身を利用することが多く、塩をしてから、あるいは醤油や柑橘の果汁と和えてから食べたり、つけだれにつけて食べたりする。マガキガイ（ニファレス nifares）は茹でてから爪を引っ張って身を取り出し、内臓部分を取り除いてから食べる。酒の肴にもってこいなので、私もときどきニファレスを採集するのだが、茹でたニファレスの身を女の子が丁寧に一つひとつ取り出してくれる。ナマコは刻んで塩をして食べることが多い。甲殻類は直火焼きかスープにする。ヤシガニの内臓はとてもクリーミーで、こってりとしており、ほんのり甘く、米飯にかけて食べると得も言われぬおいしさである。

アジア・オセアニアのほかの島々と同様に、ピス島ではウミガメも非常に重要な食料資源である。島では捕獲したウミガメの頭部を伝統的酋長《しゅうちょう》へ献上することもあるらしい。ウミガメの肉は繊維が太く、牛肉と鶏肉の間のような食感で、ウミガメの肉の匂い、としか表現できない独特の匂いがある。砂浜にいる個体や夜間海中で寝ている個体を捕獲する。ウミガメを仰向けに寝かせ、背甲と腹甲の間を包丁で切る。腹甲を取り除いたあと、四肢を切り取り、内臓と血も余すことなく取り出す。腸は海水で洗いながら開いていき、中をきれいにする。頭部を落とし、最後に背甲の内側についた濃緑色の脂肪を集める。四肢や頭部を鍋で茹でている間に、別の鍋にとっておいた内臓や血を調味料で味付けしながら炒める。これは一例であり、大型のウミガメであれば次に述べるウム料理に用いることが多い。

指で魚の鱗をはがす女性

皮付きのまま格子状に切れ目を入れただけの刺身

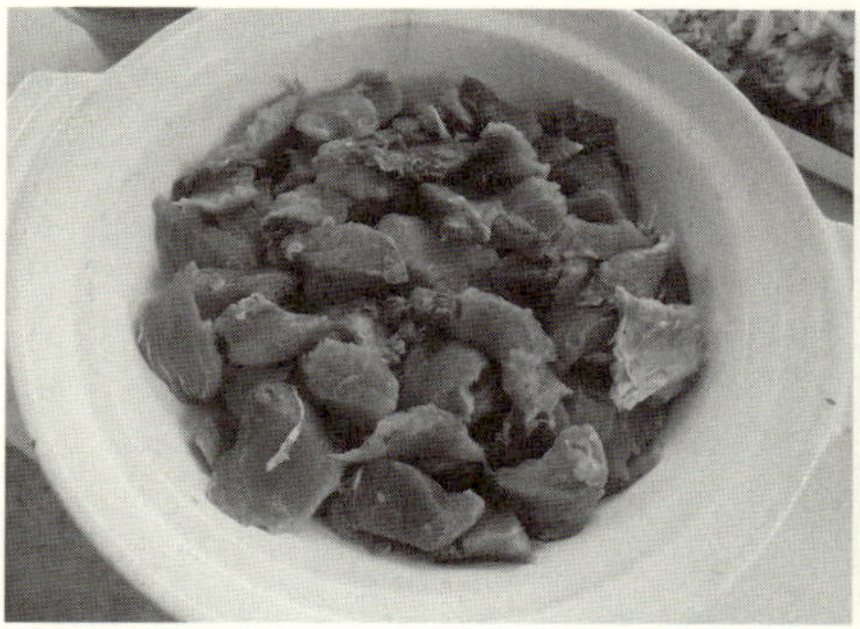

カツオ類の刺身、柵取りしてから薄切りにする

カツオ類の心臓、子どもたちがわれ先にと食べる

カツオ類をさばいていると……

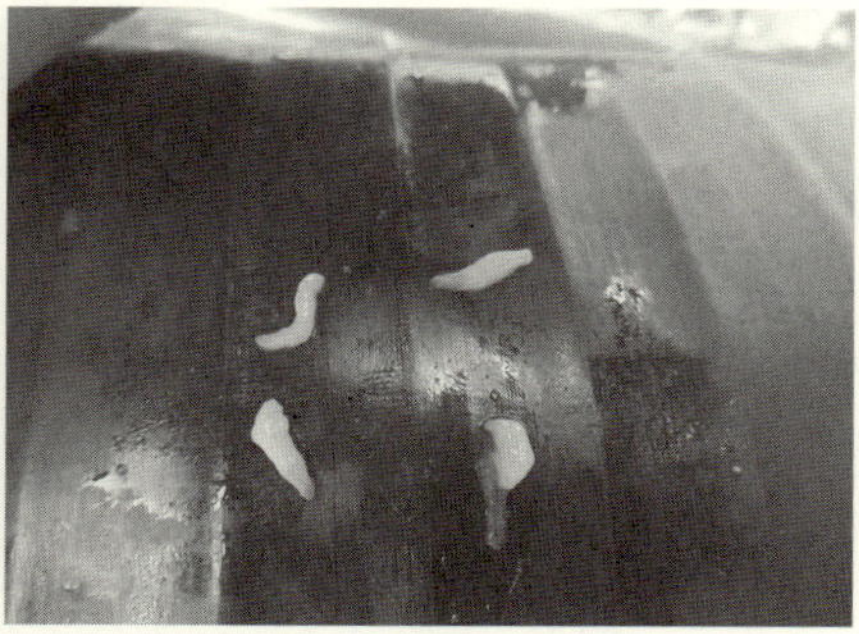

寄生虫がウニョウニョいることも

金網の上で魚を直火焼きにする

無人島では枯れ木を燃やし、その上に魚を直接置くことも

醤油を加えて魚を煮たスープ

ココナッツミルクを加えて魚を煮たスープ「コチュ」

魚を揚げる女性

魚の素揚げ

①大漁のときはイケションを作る（この時はカツオ類）

②魚をさばいたあと、水に浸けて血を抜く

③切り身に塩をする

④塩をした切り身をたらいに並べて１晩か２晩おく

⑤日光に当てて乾燥するまで干せばできあがり

⑥日光に当てず、（塩を抜いて）そのまま食べることも

《イケションの作り方》

刻んだタコと墨との炒め物

タコの干物

シャコガイ類の生の身、磯の香とほのかな甘味

茹でたニファレスの身を取り出し内臓を取り除く女性

ヤシガニを捕まえた少年

直火で焼いたヤシガニの内臓をご飯にかける男性

オカガニのスープ

ナマコは刻んで塩をして瓶に入れる

ある日のこと、先日チューク州のある環礁でウミガメを食べた人たちが七人死亡した、といいながらウミガメをさばいている男性がいた。どうやらタイマイだったようだ。タイマイは海綿動物を主食とするため、これらが持つ毒素を体内に蓄積することがあると考えられている。そんなことを知りながら平気でウミガメをさばいている男性を見て、タイマイとほかのウミガメをしっかりと見極める目があるのだろうか、それとも自分たちは大丈夫だろうという楽観的な考え方なのだろうか、いやいやそんなことを考えても仕方がない、とにかくその男性を信じてウミガメの肉を食べるしかない、と心に決めたことを今でも鮮明に覚えている。

宴のときには必須ともいえるウム料理には豚や犬、ウミガメなどが用いられる。ウムとは地炉そのもの、もしくは熱した石などで材料を蒸す料理方法のことである。ピス島はサンゴ礁からなる島なので、いわゆる「石」がない。そのため、浜に打ち上げられたサンゴの大きな塊を用いる。ココナッツシェルなどを用いて穴を掘り、サンゴの塊をいくつも敷き並べ、その上にココヤシの果実の皮やココナッツシェルを載せて火をつける。サンゴの塊が十分に熱せられれば、その上に内臓を取り除いた豚や犬、ウミガメをそのまま置く、あるいは切り分けた肉をバナナなどの作物と一緒に金属板の上に載せてから置く。その上にバナナやインドクワズイモなどの葉をかぶせ、現在ではその上をビニール袋で覆ってから、砂で密閉する。一、二時間もすれば材料に火が通るので、掘り出して食べる。大きな宴だけではなく、ちょっとしたパー

小型のウミガメを解体する男性、少年は内臓を洗っている

解体したウミガメの肉を煮る

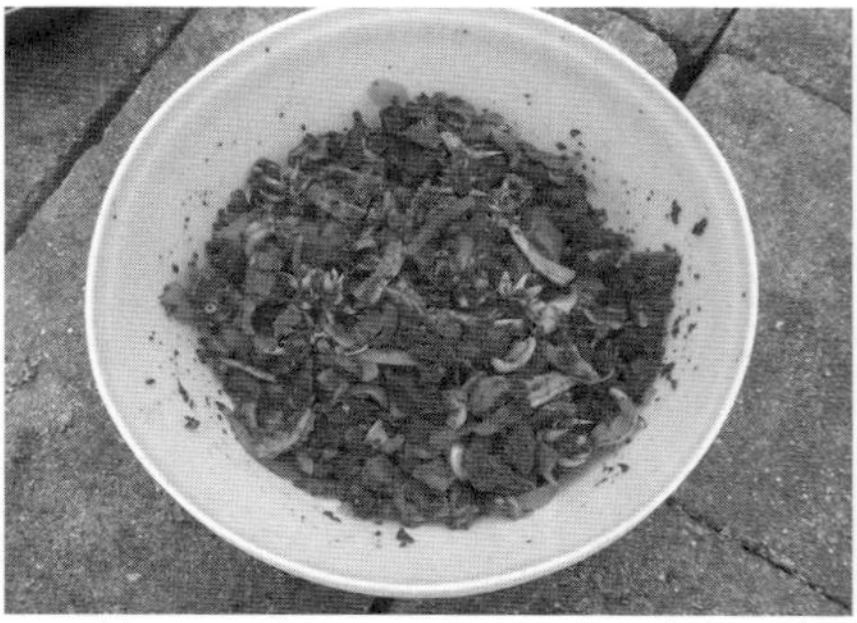

ウミガメの内臓と血の炒め物

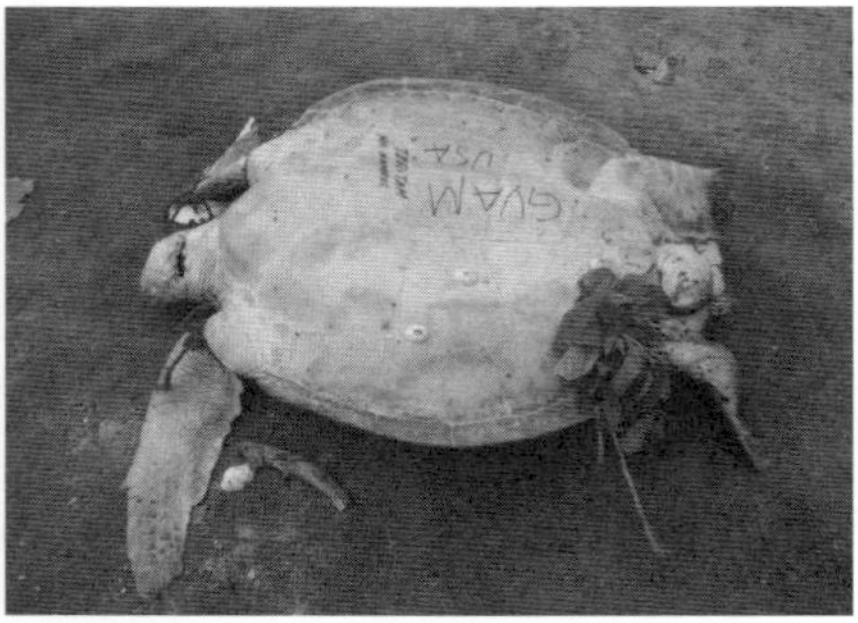

腹甲を残したまま内臓を取り出したあとの大型ウミガメ

取り出した内臓のスープ（卵入り）

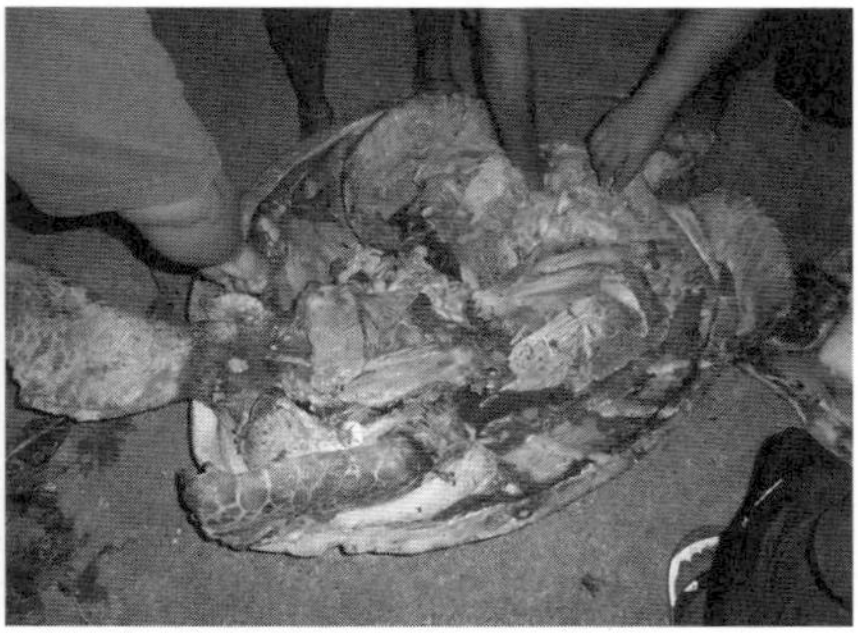

ウミガメのウム料理、たくさんの人が集まってきて指で肉をちぎりほおばる

《ウミガメ食文化》

①手やココナッツシェルなどを用いて穴を掘る

②サンゴや石を穴に入れ、その上にココヤシの果実の皮などを載せて火をつける

③サンゴや石が十分に熱せられれば（ココヤシの果実の皮などが燃え尽きれば）、サンゴや石、炭を平らにならす

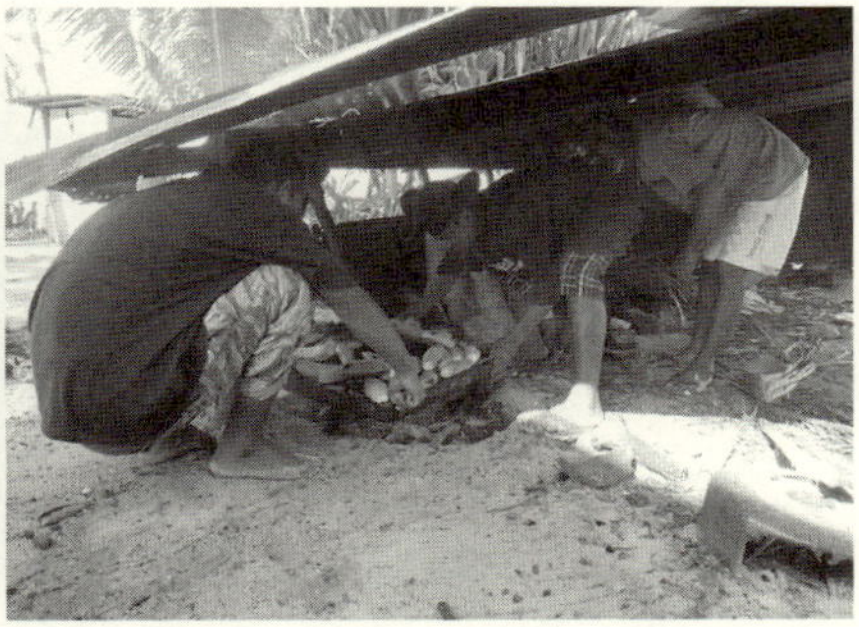

④食材を金属板に載せてウムに置く（あるいは内臓を取り除いたウミガメや犬をそのままウムに置く）

⑤バナナやインドクワズイモなどの葉をかぶせる（写真はバナナの葉）、現在では葉の上をビニール袋で覆う

⑥海岸の砂でウムを密閉、サンゴや石の熱で食材を蒸し焼きにする

《ウムの作り方》

ティーでもウム料理を用いる。私が久々に島へ来たということで、じゃあ犬を食べよう！と犬のウム料理をしてくれた。蒸している最中からどこからともなく男性が集まってきて、調理済みの犬肉が掘り出されると、その場で競争するかのように手で肉を引きちぎってほおばるではないか。私も負けじと手を伸ばすが、蒸したてで犬肉が非常に熱く、指をやけどしそうだ。そうしていると、女性がコンや米飯などを運んできてくれて、ウムのそばでいつの間にか宴が始まるのである。

食事調査

これまでは島内または島周辺で得られる食料資源に着目してきたが、ピス島では輸入食品も利用されている。米や小麦粉、インスタントラーメン、冷凍鶏肉、ソーセージ、魚・肉・野菜・果物の缶詰、様々な菓子類、コーヒー、紅茶、ジュースなどの飲食物だけではなく、塩や砂糖、醤油などの調味料、食用油などもウェノ島で購入することができる。

島民の食生活の現状を明らかにするため、二〇一二年九月から二〇一三年八月の一年間、三世帯（A・B・C）に対して食事調査を行った。調査表の項目は、主作物（米、パンノキ、バナナ、プナ、その他）、海産物（鮮魚、干物、缶詰、その他）、肉類（精肉、缶詰）、その他（インスタントラーメン、野菜）とし、島民に毎日食べたものを記入するよう依頼した。各項目の頻度は、食事に出てきた回数／食事の総回数（朝・昼・晩×日数）で示す。例えば、食事三回につきパンノキを一回食べていたとすると、パンノキの利用頻度は三三・三％となる。

世帯A・Bでは、米がほぼ毎食利用されていたのに対し、世帯Cではその頻度が低かった（表3）。その理由は、世帯A・Bの現金収入が島内平均よりも高い、もしくは平均と同程度であったのに対し、世帯Cの現金収入は島内平均よりも低く、調査期間中に購入できた米の総量に世帯間で差が生じたためと思われた。パンノキは年間を通して利用されていたが、果実をあまり収穫できない時期は、バナナやプナの利用頻度が高くなっていた。パンノキの利用頻度は世帯によって異なるが、それはパンノキの所有数や所有する品種の違いが影響している可能性がある。世帯Aは小麦粉を使った料理、例えばドーナッツや現地でダンゴと呼ばれるすいとんのような料理（甘い味付け）などの利用頻度が世帯B・Cと比べて高かった。世帯Aはサトイモやアメリカサトイモなどプナ以外のイモ類を利用していた。世帯A・Cは食事一回につき二、三種類の主作物を利用していたのに対し、世帯Bは米飯だけ、パンノキだけ、などのように一種類のみを利用する傾向にあった。その理由は、世帯Bは世帯A・

表3　2012年9月から2013年8月の1年間にピス島の3世帯に対して行った食事調査結果 *1

	世帯A n=996	世帯B n=1092	世帯C n=990
主作物			
米	99.3	96.3	72.1
パンノキ	90.2	37.6	77.3
バナナ	62.4	32.6	49.1
プナ	41.5	10.1	13.5
その他	66.7	0.0	11.2
島内産	14.6	—	0.0
輸入品	61.2	—	11.2
海産物			
鮮魚	81.1	68.5	69.2
魚の干物	42.9	34.1	33.4
魚の缶詰	78.3	34.6	23.4
その他	42.1	12.2	29.0
肉類			
生鮮肉	27.5	30.5	12.5
島内産	0.4	1.7	0.0
輸入品	27.2	28.8	12.5
肉の缶詰	52.1	2.3	8.1
その他			
インスタントラーメン	87.4	51.2	43.1
野菜	67.9	0.5	16.5
島内産	9.6	0.5	16.5
輸入品	67.8	0.0	0.0

*1：Yamamoto et al. (2015) を一部改変。n は調査期間中に得られた食事の総回数を示す。各項目の頻度は食事に出てきた回数／食事の総回数（朝・昼・晩×日数）で示した（単位%）。

Cと比べて成人の構成員が少ないためと考えられるが、世帯の食事に対する好みの違いも影響しているかもしれない。

島周辺で得られた海産物の利用頻度は一年間を通して大きな変化はなく、鮮魚の利用頻度は六八・五〜八一・一%と非常に高頻度で利用されていることがわかった。また、魚の干物の利用頻度も比較的高く、そのほかにタコ、貝類、甲殻類、ウミガメも低頻度で利用されていた。輸入食品である魚の缶詰の利用頻度は、世帯Aでは高頻度、世帯B・Cでは中〜低頻度であった。肉類の利用頻度も海産物同様一年間で大きな変化はなく、主にウェノ島で購入できる冷凍鶏肉などの利用が多く、島内で飼育された豚や鶏、犬の利用頻度は低かった。また肉の缶詰については、世帯Aの利用頻度が約五〇%であったのに対し、世帯B・Cではほとんど利用されていなかった。

インスタントラーメンの利用頻度は四〇〜六〇%と中程度であった。世帯Aの野菜の利用頻度は世帯B・Cと比べて高かったが、ウェノ島で購入したタマネギやニンニクを少量だけ利用する例が多かった。島内産の野菜としてはカボチャ類の果実・葉、トウガンなどが利用されていた。

以上のことから、三世帯はかなり輸入米に依存しており、インスタントラーメンも平均して食事の二回に一回程度は利用していた。世帯Aは魚・肉の缶詰もよく利用しており、ピス島の食事は「近代化」したといえるのかもしれない。その一方で、現在でも島内や島周辺で得られる作物・海産物を高頻度で利用していることも明らかとなった。一九五一年にチューク州で行われた七日間の食事調査結果の報告書(10)を見てみると、米飯、コン、バナナ、魚（スープ、直火焼き）、魚の干物、魚の缶詰、タコなどを食べており、輸入食品の利用頻度や総量に違いがあるだけで、現代とほぼ同じ食生活を営んでいたことがわかった。ピス島の食生活は基本的には「伝統的」で、手に入る「近代的」な輸入食品を追加利用しているだけ、ととらえることはできないだろうか。

嗜好品によるつながり

ピス島では飲酒が禁止されている。そのため、過去にはココヤシの樹液から醸造酒（アチ achi）を作っていたが、現在はその製造を行っていない。しかし、飲酒が禁止されているとはいえ島民も普通の人間、こっそりと（でもないが）特に男性が酒を飲んでいる。家の敷地の片隅で数人の男性がこそこそ何かをやっていれば、酒を飲んでいるか、ほかの嗜好品を共有しているかのいずれかであることが多い。ウェノ島ではビールや蒸留酒などの酒類が販売されているが、この島でも公衆の面前で堂々と酒を飲むことはできない。チューク環礁内の島々からやってくるボートが停泊するウェノ島の波止場では、近年多数の警察官がうろうろしている。酒類が販売されていない島の男性たちが、ウェノ島の波止場で酒を飲んで泥酔し、喧嘩などの問題行動を起こすからだ。酔っぱらった男性が警察官に逮捕され、ピックアップカーの荷台に載せられて連行される、そのような光景をこれまでに何回目撃したことか。そのため、ピス島の島民はできるだけ波止場で酒を飲まないようにしている。その代わりに、島へ帰る道中、つまり治外法権ともいえる船上で刹那的に缶ビールをぐびぐび飲むことがある。

とはいえ、落ち着いて酒を楽しむには島が一番である。小銭を持った島民がウェノ島でアルコール度数の高い蒸留酒を買い、カバンに忍ばせて島へ持ち込む。でも一人で飲むわけではない。本章の冒頭で紹介したように、島では共同飲食が好まれる。蒸留酒を購入した人（「親」とする）が一緒に飲む人（「子」とする）を選び、コップ一つで回し飲みをする。この人選が興味深い。日頃の人間関係が垣間見えるのだ。例えば、酒を飲んでいる場に誰かが来るとする。「親」がその人物を気に入らなければ、回し飲みに参加させない。その人物は会話に加わることしかできないのだ。何ともかわいそうな仕打ちだな、と島に来たばかりの頃は思っていたが、滞在期間が長くなるにつれ、人選の意味を理解しはじめた。

人選には大きく分けて三つの基準がある。第一の基準は、当たり前のことではあるが、気が置けない人、つまり親友やキョウダイ(11)かどうかである。第二の基準は、酒癖の悪いやつは「できるだけ」参加させない。非常に饒舌になったあと喧嘩を起こしたり、奇声をあげて島内を徘徊したりする島民が少なからずいる。私の目の前で警察官に手錠をかけられた島民は一人や二人ではない。「できるだけ」といったのは、親友やキョウダイの場合はどうしても断りきれないことがある。問題を起こさない場合が多いのだが、ときどき悪い癖がでてしまい、逮捕されてしまう。第三の基準は、これまでに飲酒をともにしたかどうかである。あるグループが飲酒をしている場に居合わせたときに、「子」としての参加を許されなかった、あるいは自分が以前「親」のときに「子」として参加させてやったのに、その人物が「親」のときに自分を飲酒に誘わなかった、などのような因縁があれば、その報復として自分が「親」のときに彼らを参加させない。

島には「イースト」と呼ばれる密造酒も存在する。パンなどを発酵させるときに使う市販のイースト（ドライイーストまたはベーキングパウダー）、砂糖、水を適量まぜて、数日発酵させれば「イースト」のできあがり。材料が安価なため、若者にはうってつけの酒だ。見た目はどぶろくのように白く、香りも日本酒に近い。ただし、悪酔いをすることが多く、大量に飲んだ次の日は強烈な頭痛に襲われる。

島民は煙草《たばこ》（スパ supwa）も大好きである。成人男性はどこでも吸えるが、成人女性は人前で、特に自身の兄や年上の男性の従兄弟の前では吸わない。ただし、成人女性でもある程度の年齢になれば、あまり気にすることなくスパスパやっているように思う。島民の多くは市販の煙草を吸う。アメリカ合衆国からの輸入煙草が主流だ。一箱買うとなると懐具合が気になるが、ウェノ島でもピス島でも煙草を一本ずつ購入できるため、比較的入手しやすいといえる。また、一部の島民は自家製の煙草も利用している。家の敷地で煙草を栽培し、葉を乾燥させて刻み、バナナの乾燥葉で巻いて吸う。フィルターがないため、煙を肺に入れるとむせかえるほど強烈だが、香りはとてもよい。市販・島内産に関わらず、ココヤシの葉で作ったパイプを利用することがある。

島内産の自家製煙草（右側）バナナの乾燥葉（左側）市販の煙草（中央）

バナナの乾燥葉で自家製煙草を巻いていく

巻き終った完成品、フィルターがないため強烈

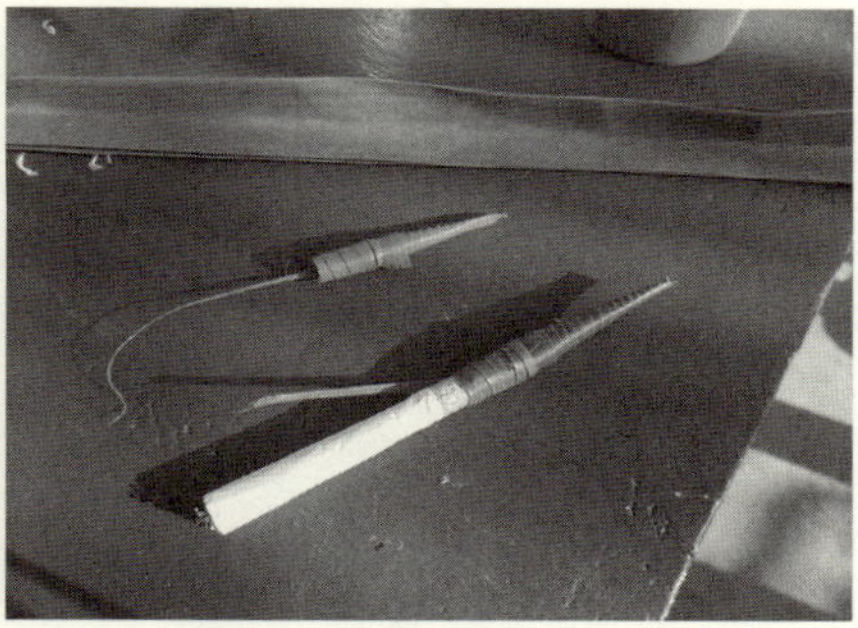
ココヤシの新鮮葉で作ったパイプ

煙草に関していえば、島民（便宜上男性に限定する）はできれば一人でゆっくりと煙草をくゆらせたい。飲酒と比べて煙草一本を吸う時間は非常に短いし、わざわざ「煙草でも吸うか」と誘うような行動ではないからだ。しかしそうは問屋が卸さない。煙草を吸っている男性がいると、そのそばにすーっと寄ってくる男性がいる。島民は誰が喫煙をするのか知っているため、煙草をある程度吸ったあと、残りをそばにいるほかの喫煙者に渡すことが暗黙の了解となっている。平均的に見れば、煙草の所有者が半分吸い、残りをほかの喫煙者が共有する。所有者以外の喫煙者が一人であれば、その人は煙草の半分を吸えるし、二人であれば、それぞれ四分の一ずつ吸う。煙草でもやはり「共有」することが好まれる。

檳榔《びんろう》でも同じことがいえる。ここでいう檳榔とは、ビンロウ（プー puu）の果

ウェノ島で売られている檳榔（2.75～３米ドル／袋）袋の中にはビンロウの果実・キンマの葉・石灰が入っている

ウェノ島で栽培・収穫されたビンロウの果実を知人から譲り受け、ピス島で果実を一つずつ販売する

ビンロウの果実を半分に割り（中央）、石灰（左側の器）を檳榔に載せ、煙草を加え、キンマの葉（手前）で巻いて噛む

小さい果実の場合は、果実を開き、石灰・煙草・キンマの葉を挟んで噛む

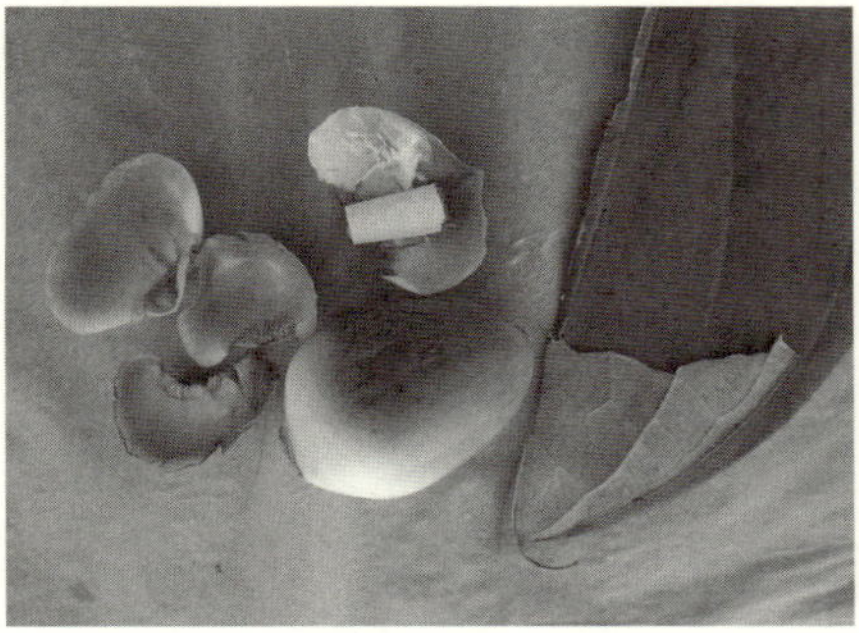

ビンロウの果実の代用品「クルップ」（ココヤシの果実の萼）

ビンロウの果実の代用品「ペンヌー」（ココヤシの果実の皮の小片）

実（または胚乳）、キンマ（ワナワン wanawan）の葉、石灰（プウェッチ pwech）、煙草などの一式の総称とする。檳榔を噛む習慣はアジア・オセアニアの幅広い地域でみられ、日本統治時代の資料にはパラオやヤップ州で檳榔が盛んに利用されていたとの報告がある。しかし、ピス島では一九九〇年代から檳榔が一般的に利用されるようになったようだ。島ではビンロウの栽培が難しく、また島で入手できるキンマの量も限られているため、ポンペイ州などから輸入される檳榔をウェノ島で購入する。まずビンロウの果実を歯で二つに割り、石灰を加え、キンマの葉を挟んで噛む。すると胸や顔がふわーっと熱くなり、汗ばむこともある。石灰を入れなければこの効果は得られない。口の中はキンマの葉によって真っ赤になる。檳榔および唾液によって口の中に液体が溜まってくるが、飲むことはなく（飲む人もいるが）、赤い汁を地面に吐く。檳榔を噛む習慣を知らない人からすれば、吐血でもしたのか、と思えるようなおどろおどろしい光景だ。船上や家屋内、公共施設など地面に吐けない場合は、空缶や空ペットボトルなどに吐き出す。市販の煙草の小片を果実に挟んで噛むことが多く、その場合はニコチンによって頭がくらっとする。ビンロウの果実が手に入らないときは、大きくならずに自然落下したココヤシの果実の萼（クルップ kurup）、または飲用に適した大きさの果実の皮の小片（ペンヌー pon nu）にキンマの葉や石灰、煙草を加えて噛むこともあるが、ニコチンの効果しか得られない。

ビンロウの果実やキンマの葉、石灰、輸入煙草などはすべて購入する必要があるため、またはウェノ島でビンロウやキンマを栽培している知り合いから入手する必要があるため、お金やつてのない人は檳榔不足に陥る。でもそこは嗜好品たるがゆえに、どうしても噛みたくなる。そこで、島民は檳榔を持っている人から譲り受けるわけだが、先ほどの飲酒と同じく人間関係が重要となる。誰かに檳榔をわけてほしいと言われ、もし自分が持っているのであれば、差し出すことが望ましい。が、ケチな人や因縁がある人には譲渡しない。島民は私が檳榔を嗜むことを知っているため、ビンロウの果実を一つちょうだい、キンマの葉を少しわけてくれないか、石灰を貸してくれ、と入れ代わり立ち代わりやってくる。未成年でなければ、誰と構わず差し出すようにしている。すると、私が檳榔不足に陥った時、彼らは私が檳榔を持っていないことを知るや否や、ビンロウの果実やキンマの葉をすっと差し出す。それだけではなく、これまでに私が檳榔を無償提供してきた人たちは、力仕事であれ調査の補助であれ、何かと私を助けてくれるようになる。檳榔を介して相互扶助の関係ができあがるのだ。これからミクロネシアの島へ訪問する予定がある方には、たとえご自身で檳榔や煙草を嗜む習慣がなくとも、それらを購入してから入島することをお勧めしたい。

注

（1）Englberger, L., Marks, G. C. and Fitzgerald, M. H. 2003. Insights on food and nutrition in the Federated States of Micronesia: A review of the literature. Public Health Nutrition, 61: 5-17.

（2）例えば、野村秀一・新宮哲司・中田篤範・茶山一彰・伊藤剛二・伊藤有峰　二〇〇五　ミクロネシア連邦チューク州島民は肥満・糖尿病の頻度が多い―二〇〇二〜二〇〇四年における集団健診の検討―　広島医学　五八：五六二〜五六五

（3）本章の図表やデータの一部は以下の論文を引用している。Yamamoto, S., Kawanishi, M. and Nishimura, S. 2015. Dietary patterns and food consumption in the Federated States of Micronesia: A case study conducted on Piis-Paneu Island, Chuuk Atoll, Chuuk State. Tropical Agriculture and Development, 59(4): 170-178.

（4）Zerega, N. J. C., Ragone, D. and Motley, T. J. 2004. Complex origins of breadfruit (*Artocarpus altilis*, Moraceae): Implications for human migrations in oceania. American Journal of Botany, 91(5): 760-766.

（5）材料の半分ほどしか水に浸かっていない状態で調理をするため、また蒸し煮よりは水を加えていると思われたため、便宜的にこの言葉を用いる。

（6）須藤健一　一九八三　トラック諸島のパンノキ―パンモチの製法と儀礼　季刊民族学　七（一）：六〇～六六

（7）柑橘についてはCOLUMN❻を参照。

（8）風間計博『窮乏の民族誌―中部太平洋・キリバス南部環礁の社会生活』（大学教育出版、二〇〇三年）

（9）世界の犬食文化については、山田仁史『いかもの喰い―犬・土・人の食と信仰』（亜紀書房、二〇一七年）を参照。

（10）Murai, M. 1954. Nutrition study in Micronesia. Atoll Research Bulletin, 27: 1-239.

（11）プイプイ（pwipwi）のこと。男性の場合は、兄弟や従兄弟、義兄弟（血がつながっていなくても、義兄弟の契りを結べばプイプイと呼び合う）などを指す。

ナイミスとクルクル

島田温史

二〇一三年九月、講義の一環としてピス島を訪れた。私にとって初めての海外であったため、どんな場所なのだろうと道中ドキドキしていた。ピス島は写真やテレビでしか見たことがないような南の小島であった。到着後、島民からウェルカムドリンクとしてココナッツジュースをもらった。日本でココナッツジュースを飲んだときは、あまりおいしいとは思わなかったが、このときのココナッツジュースは格別であった。その後、島で採れた食材を用いて作った昼食をいただいてから、島民に島を案内してもらった。私は大学院で熱帯果樹を研究していたため、島の至る所にあるココヤシやバナナ、パンノキ、パパイヤなどの普段見ることができない熱帯果樹に目を奪われた。よく見てみると、ココヤシは果皮色、パンノキは葉形の異なるものがあった。また、バナナの成熟した果実は日本で売られているバナナとは違って酸味があり、未熟果は主食として食べられていた。そして、多くの家の庭先にカンキツの樹が植えられていることに気付いた。詳しく聞いてみると、チューク州の在来カンキツであるナイミス（nayimis）と呼ばれるライム（*Citrus aurantifolia*）とクルクル（kurukur）と呼ばれるダイダイ（*C. aurantium*）の二種類が栽培されていた。

ナイミスは主に魚料理などを食べるときの香辛料として用いられていた。日本のスダチやカボスなどと同じ利用方法である。ピス島では、ナイミスあるいはココヤシの酢に唐辛子を加えた酸っぱ辛い調味料と刺身を和えて食べていた。この組み合わせが絶妙でご飯が進んだ。島に植えられているカンキツを確認したところ、ナイミスには二種類あった。一つは果皮が薄緑色で葉に翼葉があり、一般的なライムと似ていたが、もう一つは果皮がオレンジ色で葉に翼葉がなく果梗部が盛り上がり、一般的なライムではなかった。クルクルはナイミスに比べると一回り、二回りほど果実も葉も大きく果皮は黄色で葉に翼葉があった。また、ウェノ島で食べたクルクルは酸味が少なく甘みが強かったが、ピス島の果実は酸味が強く甘みが少なく、香りもよくなかった。ピス島にいた三日間、クルクルが食卓に出ることはなかった。これは私の見解であるが、クルクルはナイミスほど香りがよくないため、料理にあまり用いられないのではないだろうか。

チューク諸島ではナイミスはライムだけでなく、シキキツ（*C. madurensis*）などほかの香酸カンキツも指す語のようであった。遺伝的にも、ライムとは別のグループに分類されるナイミスの存在が明らかとなっている（注）。また、クルクルは比較的大果のカンキツ全般に対する方言名であるため、チューク諸島のクルクルはナイミスと比べて遺伝的により多様であることがわかっている（注）。

ナイミスとクルクルは、ピス島という小さな島でさえ異なる種類が栽培されていた。ミクロネシア連邦にはチューク州以外にヤップ州、ポンペイ州、コスラエ州がある。特にコスラエ州はカンキツの島と呼ばれており、どのようなカンキツがあるのか非常に興味深い。今後は他州においても調査を行い、ナイミスとクルクルの遺伝的多様性や利用方法が州ごとに異なるのか明らかにしたい。

ピス島で栽培されていたナイミス（左上下）とクルクル（右）

〔注〕

名取祐太・山本雅史　二〇一六　DNA分析によるミクロネシア連邦チューク州の在来カンキツ遺伝資源の分類　熱帯農業研究　九（別二）一〇七～一〇八

第三章　海と生き物たち

上野大輔

ピス島へ

ウェノ島からピス島へ行くフェリーはない。そこで、島の人に小型ボートで迎えに来てもらった。折悪く大荒れとなった天候と海況の中、屋根のない小さなボートに揺られることおよそ一時間、濡れネズミさながらの状態でやっとたどり着いた。時刻はすでに昼を回っており、相変わらず空も海も大荒れ。来る前にインターネットで見た、爽やかな画は想像するべくもない。そこで、この日は海には入らず、島内の探索をすることにした。島の人々の暮らしを見ることは、島の人と海との繋がりを理解するうえで、とても大切なことである。

島の人に導かれながら、左右を茂みに挟まれた未舗装の細い路を進んでいく。この細い路は、家々を繋ぎながら島内を一周している。よそのお宅の敷地を通り抜けることになるので、どんな家族がどこに住んでいるのかすぐにわかる。出会う人々に挨拶をしつつ歩を進めていくと、ある家の庭先で獲物を広げ、仕分けをしているところに出会った。あまり日本ではお目にかかれない光景だ。サイコロのように細切れにされたジャノメナマコが木の机の上に広げられていた(1)。これはサンゴ礁の浅い海に生息する大型のナマコで、太平洋では熱帯域を中心

獲物のワモンダコを見せてくれたお母さん

に広く分布し、日本でも奄美以南の海で見ることができる。中華料理の材料に使われる高級ナマコである。お母さんは、ワモンダコという大きなタコを持ち上げて見せてくれた。このタコも太平洋の熱帯域に分布する種で、やはり日本でも奄美や沖縄などの海で見ることができる[2]。結構な高級品である。とても力が強く、水中でちょっかいを出すと、強力な腕で猛反撃してくるタコだ。なかなか説明が難しいが、同じ大きさのマダコとは比べものにならないほどパワフルなので、油断は禁物だ。しかし、そのためかマダコよりも身が固い。そのほかには、下処理を終えてむき身にされたシラナミと、フタモチヘビガイという貝類も並べられていた。南の島然としたシャコガイの一種であるシラナミも、奄美や沖縄では重要な水産資源であり、居酒屋で上等な刺身の盛り合わせを注文すると、白くて美しい貝殻が添えられて出てくることがある。しかしその一方で、フタモチヘビガイが食べ物として扱われているところを、私は見たことがなかった。一体これをどうやって食べるのだろうかと考えていると、お父さんが一つ試食させてくれた。もちろん生のままなのだが、これがうまいのである。そういえば、沖縄でもおやつ的な感覚で食べると聞いたことがあるが、たしかにそれぐらい美味である。表情から私の感想を読み取ったのか、お父さんは笑顔で頷いた。そして今度は、コマ切れのジャノメナマコを差し出してきたのだった。

（え？　これは生では食べたくないなあ……）

すでに、生で挑戦したことがあった私は、精いっぱいの表情で訴えるが、返すお父さんの笑顔はどう見ても「いいから食べなさい、食べればわかるからさ！」と、言っているようだ。結局、食べなくてはならない流れになってしまった。

（もしかして、チューク諸島のものは生で食べてもおいしいのかも……）

だが、ある意味期待通りの味が、淡い期待を一瞬で打ち砕いた。同じナマコではあっても、その味や食感は日本で生食されているマナマコからは程遠いものだ。ピス島でも、おそらく生だけでなく調理して食べているのではないかと思うのだが、今回の滞在中にはジャノメナマコを使った料理に出会うことはなかった。これが現地では一体どのように食べられているのか、今も興味は尽きない。笑顔のお父さんに別れを告げ、足早にその場を立ち去った。

ぶつ切りにされたジャノメナマコ

ピス島の浅瀬と生き物たち

さて、前日大荒れだった海と天気は、翌朝には綺麗に回復した。灰色だった海も空も、澄み渡る水色に染まっている。そこでスノーケル、マスク、足ヒレの三点セットを装着して、まずは島の北側の海岸から海へと飛び込んでみた。飛び込んでみたとは言っても、深さは膝の下ぐらいしかない。堡礁の外縁にあり、島の北側はすぐに外洋に面するように見えるピス島だが、実際にはひざ下から腰までの深さの海が、沖に向かってしばらく続く。本当の外洋に出るためには、島からもう数百メートルは沖合に出なければならない。島を取り囲む、浅い水深三〇センチメートル未満の浅瀬には、アマモ類が繁茂する環境が広がる。アマモ類は海草と呼ばれる顕花植物（花を咲かせる植物）であり、

どこまで行っても遠浅が続く島の北側

陸上に繁茂する植物と同様に光合成を行う。チューク諸島の海には強烈な太陽光が降り注ぎ、透明度の高い海水はそれを遮ることなく海底へと届ける。海底を覆う純白の砂は海底に降り注いだ太陽光を反射するレフ板の役目をする。その光を受けてアマモ類はすくすくと育つのだろう。浅い堡礁の外縁部が外洋からの強い波の侵入を防いでいることも、アマモ類の生育に少なからず影響していると思う。

　アマモ場には、シラヒゲウニがたくさんいた。直径一五センチメートルほどの大きさで、バフンウニに似たかたちをしたウニが、岩陰に隠れるでもなくそこかしこに転がっている。正確には、ゆっくりと移動したりしながらアマモ類を食べているのだが、ほとんど動かないので一見すると大量投棄されたタワシのように見える。日本でも沖縄などで浅い海辺へ行くと似た光景を見ることができ、一部の地域ではこのウニを食用としているが、ここではどうやら食べられてはいないようだ。アマモ場には古いイシサンゴの骨格に由来する死サンゴの岩が転がり、表面をよく見ると緑色の苔のようなものが覆っている。これは、植物ではなくジデムニ科に属するホヤ類、つまりはれっきとした動物である。ホヤと言えば、東北地方や韓国で収穫され、食べられているマボヤやアカボヤが一般的には有名である。ホヤの実物を見たことがある人は、苔のような見た目のホヤってどういうこと?と思うかもしれない。ピス島の浅瀬に見られるジデムニ科のホヤは、食用の大きなホヤたちとは異なり、とても小さい個体が集合して苔のようにも見える群体を形成している。また、このホヤ類には光合成を行う藻類が共生するため、緑色に見えるのである。このように、ピス島のごく浅いサンゴ礁の海には、豊富に降り注ぐ光を糧に生きている生物が、多く見られる。

すこし沖合で見られる生き物たち

今度は、とにかく頑張って沖合まで泳ぎ出て行ってみる。といっても、浅すぎるために時々足ヒレを外して歩かなくてはならない。足元には古い枝サンゴの骨格が散らばっており、うまく足を置かないと、それらがゴリッと砕けて足の裏を圧迫してきて地味に痛い。そんな中、ひたすら二〇分ぐらい進むと、ようやく水深は一メートルに達した。足元は硬くなめらかな岩盤になり、その合間合間に純白の砂地が広がるようになる。その上にサンゴ礁をかたち作る大きなイシサンゴの群体や、骨格を持たないソフトコーラルの群落が発達する光景が広がるようになる。これらには褐虫藻という微小な藻類が共生し、光合成をすることで糧を得ている。ここまで来ると、見られる生き物の種数が劇的に増えてくる。海底には真っ青で直径二〇センチメートル程度になる五本腕のアオヒトデ、直

アマモ場にはシラヒゲウニがゴロゴロ

死んで岩と化したサンゴが緑のホヤ類に覆われている

ハマサンゴの群体が多く見られるが、魚はあまりいない

真っ白い砂地では真っ青のアオヒトデがよく目立つ

ヒトデに似るが非なる者、クモヒトデの一種

まるでお菓子のような風体をしているイボウミウシ類

径は三〇センチメートル程度で大きなお饅頭のようなかたちのマンジュウヒトデなどが、頻繁にみられるようになる。岩の上にはゴマフヒトデという五センチメートルほどの小さなヒトデもいる。また、とても細長い腕をくねらせながら歩くヒトデのようで、実は異なるクモヒトデ類が岩の隙間に隠れていたり、刺されるととても痛い有毒なトゲをもつウニのガンガゼモドキ、カラフルでおいしそうだけど、間違って口に入れるとこの世の地獄を見るイボウミウシ類など、色々な生物たちが出迎えてくれる。

島に来た初日に、食料として利用されている現場に遭遇したワモンダコ、ジャノメナマコ、それにシラナミとフタモチヘビガイという貝たちも、このあたりでようやく姿を目にできるようになってきた。刻まれていない状態のジャノメナマコの大きさは三〇センチメートル程度で、太短いフランスパン型をしている。体色は灰色がかった白で、名前の由来となった茶色のジャノメ模様がとても特徴的なナマコである。シラナミは、イシサンゴやソフトコーラルの隙間の岩に、足糸という分泌物でしっかりと固着している姿を多数見ることができる。南の海を代表するシャコガイの一種である。シャコガイは白くて美しい大きな殻をもつ二枚貝で、パラオやグレートバリアリーフに行くと、一メートルを超える大きさになるオオジャコガイを見ることができる。オオジャコガイは世界最大の二枚貝として知られるが、シラナミは大きくなってもせいぜい三〇センチメートル程度だ。今回の滞在中に見ることができた生きたシャコガイは、このシラナミだけであったが、そのほかにシャゴウという、もう少し大きくなるシャコガイの殻が島内に捨てられていたことから、シャコガイも島内で盛んに食べられている様子がうかがえた。

ジャノメナマコ、島の周りでみられるものは小ぶり

岩の隙間に控えめに構える小さなシラナミ

サンゴに潜る大量のフタモチヘビガイ

話を海の中に戻すと、そこらにある大きなイシサンゴの表面に、直径三センチメートルほどの円柱状の生き物が、穴をあけて潜りこんでいる様子が多々見られるようになってきた。これがフタモチヘビガイだ。巻貝の仲間なのだが、殻は渦巻き状にならずに名が示すようにくねった蛇のようなかたちをし、茶色い円形のフタを持っている。イシサンゴの骨格など固い基質に穴をあけてその中に住むため、自由に歩き回ることなどは当然できない。そのため、殻の口の周囲に粘液を蜘蛛の巣のように張り巡らし、それを使って食べ物を集めているのだ。このように、島の周りには人々が日常的に食べている生物が比較的豊富に存在する。

ふと気が付くと、すぐそばに、ある親子が来ていた。この島では、僕らが海に入るのを見つけると、すぐに人懐こい子どもたちがついてくる。小さい子では四、五歳ぐらいだと思うが、彼らは足ヒレもつけず、いや、もっと正確に言うと子どもによってはサンダルもシャツも、そしてパンツすらもはいていなかったりする。ここはとにかく日差しが強いので、その対策も兼ねて私は海パンと長袖シャツを着ていたが、彼らは本当に強い。また、肌が強いだけではなく、潮の流れがあるところでもナチュラル装備で問題なくついてくる。だが、このときに出会った親子は、面白がってついてきたのではなく、ちゃんとした目的があったようだ。見るとお母さんは、長さ四〇センチメートル弱の細長い金属の棒を駆使して、シャコガイやフタモチヘビガイをせっせと集めていた。棒の先端はマイナスドライバーのようなかたちに平たく潰され、やや曲がっている。この先端を巧みに操ることで、貝の軟体部だけを器用に取り出して集めているようだ。息子の方はというと、母親の周りを泳ぎ回りながら、お手製のモリで魚を捕まえていた。このモリは、長さ一メートルほどの金属の棒の先端を鋭く研ぎ、尖らせただけというシンプルなもので、輪っか状に結んだチューブゴムを使って弓矢のように打ち出すのだ。以前、フィリピンに行った際、地元の若者が全く同じものを使っているのを見たことがある。東南アジアからミクロネシアの島々で、よく用いられているモリなのかもしれない。

ここで当然気になるのは、彼らがどんな魚を捕っているのかということだ。実のところ、魚は島の近くではあ

万能棒を駆使し貝の身を剥くお母さん

見事なモリ捌きでチョウチョウウオの仲間を捕まえた少年

まり見られず、頑張って沖まで泳いで来てようやく、ちらほらと姿が見かけられる状態であった。しかしその魚たちも、多くは二〇センチメートルもあればいいほうで、たまに一メートルを超えている魚がいると思えば、浅瀬を泳ぎ回るツマグロというサメぐらいである。比較的多くみられたのは、ミスジリュウキュウスズメダイ、デバスズメダイ、ソラスズメダイといった小型のスズメダイの仲間、ニジハギ、シマハギなどハギの仲間、そしてテリエビスなどのイットウダイ類である。いずれも小さく、あまり食料に適しているとは言えない。また、高級魚であるハタの仲間もいることはいるが、手のひらサイズの若い魚ばかりだ。モリを持った少年たちを見ると、主にハギの仲間やチョウチョウウオの仲間を捕まえている。彼らは俊敏な動きで泳ぎまわり、サンゴの陰に隠れた魚たちをどんどん捕まえては、腰に結んだ紐にぶら下げてゆく。海で出会ったピス島の子どもたちは、泳ぎも魚捕りもものすごく上手だ。幼少期から海で泳ぎ、遊ぶ中で魚を捕る腕が鍛えられているようだ。

ピス島の海の恵み

陽が傾くまで泳ぎ、疲れたところで島に戻った。すると、隣の家に人が集まっていて騒がしくなっている。隣の一家は、ボートを使って島から数キロメートル離れた場所で素潜り漁を行ってきたところで、獲物を見せ

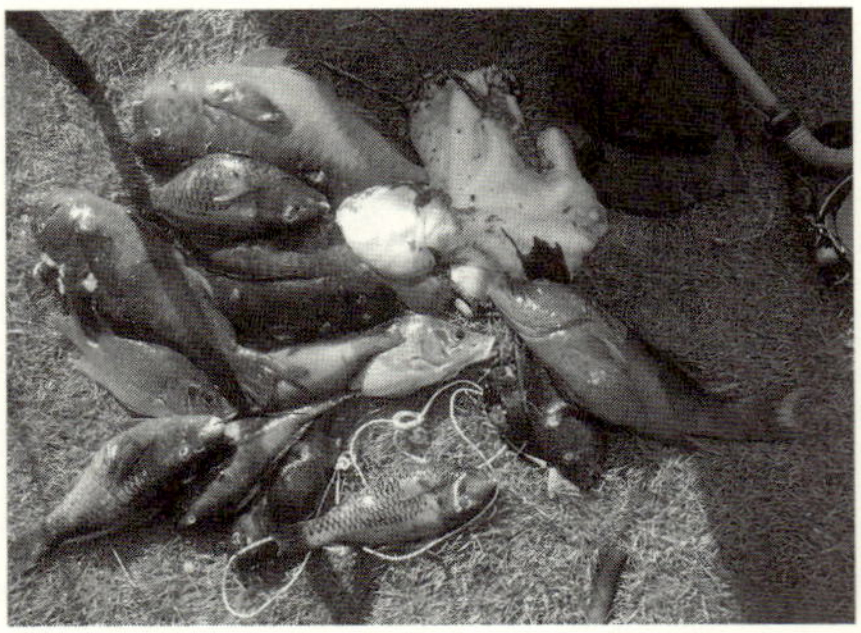
隣の一家の漁の成果、熱帯魚が並ぶ

大型のイサキ類、アヤコショウダイを見せに来た兄さん

てもらうことができた。主にはブダイ類やハタ類、またイサキの仲間であるコショウダイ類もあった。どれも、先ほど水中で見てきたものとは比べものにならない大きさである。ブダイ類は日本では南の方でよく食べられている魚で、僕も刺身や唐揚げは大好きだ。ハタ類は言うまでもなく高級魚で、どのように調理してもとてもおいしい。また、タコ焼きに使えば一〇〇人分はゆうに作れそうな巨大なワモンダコもある。こうした、おいしい魚たちに加えて、ツバメウオ、アカマツカサ、トガリエビス、ミツバモチノウオ……魚好きやダイバーならば、その姿が思い浮かぶであろうが、おそらく多くの人たちには馴染みのない魚たちも多い。この様子から考えて、目につく魚は区別なく捕るスタイルの漁が行われているようだ。ただし、サメやカマスの類はピス島では食べないということで、捕られてない。これらはボートでウェノ島などの大きな島まで運ばれて行き、そこで売り物になるということだ。このような素潜り漁が盛んに行われているほかに、沖合をトローリングしている小舟を見かけることもあった。これは、主に海面近くを泳ぐカツオなどを狙って行われているようだ。

夕方、家に戻っていると、少年がにこにこしながらやってきた。見ると手には、丸くて茶色い貝が握られている。これはマンボウガイだ。浅いサンゴ礁の海にすむ貝で、貝好きの人間にはたまらない逸品だ。その美しい殻は古くから多くの人に愛されており、カメオ細工として加工されることで有名だ(3)。日本でも、八重山諸島などの浅瀬で泳ぎ回ると、運がよければ見つかることがある。少年は、どうやらこれを私に買ってもらいたいらしい。たしかにこの周辺の海は、マンボウガイが生息していそうな環境が広がっていた。しかしマンボウガイの餌となるウニはあまり多くなかった。もしかしたら、これもどこか島からは離れた場所で採集しているのかもしれない。結局この時は少年の申し出を断ったのだが、その後も真っ白い殻のウミウサギや、白黒のモザイク模様が美しいナンヨウクロミナシなど、美しい貝殻を売りに色々な人がやってきた。こうした美しい貝は、島の人たちの小遣い稼ぎの種としても利用されているようだ。

マンボウガイの殻を持ってきた少年

ピス島を泳いで一周

島から少し離れたところには、大きな魚などの生き物がいるようだが、もう少し深いところへ行けば、同じように様々な生き物を見ることができるかもしれない。そこで、次はピス島の周りを泳いで一周してみることにした。ピス島の西側には、堡礁の切れ目の水路が目前に迫っており、深そうなことは初日に島を探索した時に確認していた。また、南向けの海岸は堡礁の内側に発達する礁湖（ラグーン）側に向いており、こちらにもこれまでとはまた違う生き物が住んでいるに違いない。

はたして、島の西側は深くなっており、底は見えないので数十メートルはあるようだ。これまでの自分の経験から、こういうところの流れは速く魚影も濃いことが多い。しかし、大きな人喰いザメが泳ぎ回っていることもあるので、注意が必要だ。ところが魚があまりいない。岸際にはところどころに大きなハマサンゴの塊が見られ、魚が隠れられそうな場所はたくさんあるのに、である。その上、そのほかの生物の気配もあまり感じられない。しかし、水面から深場をのぞき込むと、大型のハタ類が海底で休んでいる姿が見られた。しばらく様子をうかがっていると、面倒くさそうにゆったり泳ぎはじめ、さらに深い方へと消えていく。こちらとの距離は常に一定で、近寄ろうにも隙がない。また決して浅い方へとやってこないのである。おそらく、日ごろ島の人たちに追われ慣れているのではないだろうか。五〇センチメートルを超える大きさのハタも何匹かは見かけた。だが、どいつもこいつも同じような感じである。隙を見せないハタに近づくのは諦めて、そのままぐるりと島の南側、すなわち礁湖側へと回り込んでみた。すると、再び浅くなり今度は深くても五メートルほどである。白い砂地が広がり、様々なイシサンゴが群生している。塊状のハマサンゴは相変わらずここにも見られるが、シカの角のように枝分かれをした大型のミドリイシの群体も点在するようになってきた。しかし、相変わらず魚影は濃くないのが気になるところではある。

さらに島を回り込んでいくと、小さな港へとたどりついた。港は、岸壁をコンクリートで固めただけのシンプルなつくりで、防波堤などはない。ただ、やってくる船が暗礁に乗り上げないためにだと思うが、水面からは目印のポールが突き出ている。港の周囲の水は若干濁り、深緑色になっている。とはいっても、相変わらず水面から海底が見える程度には澄んでいる。しかし、港の底には島の人々の生活で生じたゴミが沈んでいることが、これまでの場所とは違っていた。この辺りはよどんでいるため、島中で出たゴミが流れずに溜まっているのだろう。やはり、どこでも人間とゴミは切り離せないもののようだ。しかし、そもそも人工物が少ないこの島では、ゴミのほとんどは中身を取り出した後のココヤシの殻である。島中あちこちに生えるココヤシは、人々に利用され暮らしを支える大切なものであることが垣間みられた。そのほかにゴミに関しては、波打ち際に捨てられていたアオウミガメの甲羅が印象深い。ウミガメも、ピス島では食料として利用されているということであった。

波打ち際にはアオウミガメの甲羅が捨てられていた

港付近には捨てられたココヤシの殻が溜まっていた

そのほか人間による影響を感じた一シーンを紹介すると、島の周りに多数みられるハマサンゴの群体には、しばしばアルファベットでいたずら書きが施されていた。憶測になるが、子どもたちが使っていたモリの先端で書いたものであろう。サンゴを傷つけているのでよいこととは言えないが、日本でもピス島でも子どもや若者は私と同じで落書きが大好きなんだなあ、としみじみと思ったのであった。

ピス島から離れた海へ

さて、ここまではピス島の周囲の海ばかりについて紹介してきた。島の周りは二日ほどで大体泳ぎ終わったことにして、今度は島の人に船を出してもらい、少し遠出することにした。すでに書いたが、島の人たちが大きな魚を捕っている場所も、ピス島からはやや離れた場所にあるらしいし、実は今回、まだ生きたウミガメも見ていない。島から離れれば、きっと違うものが見られるだろう。

早速島の人にお願いし、ピス島から東にあり、同じように堡礁の上に並ぶ小島の方へ小型ボートで行ってみることにした。ピス島の東側には、堡礁の大きな切れ目であるノースパスが存在する。実は初日に島の北側で泳いだ時、頑張ってこのノースパスの近くまでは行ったのだが、あまりに遠すぎて到達は断念していた。ボートの船長は、さすがと言うか当然なのか、ボートが通れる岩礁やサンゴの隙間の水路を巧みに通り抜け、あっという間にノースパスも越えてしまった。ピス島がどんどん後方へ小さくなっていく。そして二〇分も経つころには、隣のピセメウ島のビーチへとたどり着いていた。平らで、ココヤシが立ち並ぶたたずまいがピス島によく似ているが、無人島であるためか、明らかに雰囲気が異なる。これは冒険できるぞ、という空気が島中に漂っている。島に着いてボートを降りると、突然波打ち際にスーッと大きさ二メートル弱のサメがやってきて、バシャバシャと暴れまわって帰っていった。ツマグロだ。あまりに唐突なサメの訪問の洗礼を受け、同乗者の一人は固まってしまっている。ツマグロは臆病なサメとされ、通常は人を襲うようなことはないらしい。サメらしいデザインをしており、ハシバミ色の体をくねらしながら漆黒の背ビレ先端を水面から突き出して泳ぐ様は、とても格好よいと言えるのではないだろうか(4)。早くもピス島とは異なる様子を感じた私は、さらなる出会いを求めて沖の深場へと泳ぎ出てみた。岩礁の地形やサンゴなどのかたちは、ピス島とほとんど変わらない。しかし、明らかに魚の量は多い。また、岩場には小さいながらもイセエビの仲間であるゴシキエビがちらほらと真っ白いヒゲを振り回している。さらに、チョウセンサザエ、サラサバテイといった、食べるとおいしい巻貝たちも岩の上や隙間にコロコロと転がっている。これも、ピス島の周りではあまり見られなかった光景である。魚の種類も多い。一メートルはゆうに超える大きなオニカマスや、それよりもう一回り大きいメガネモチノウオが優雅に泳ぎ回っている。砂地をびっしりと被う小さな巣穴からはガーデンイールことチンアナゴが群れで顔を出し、フニャフニャと踊っている。もともと、チューク諸島周辺に

島と島の移動には小型ボートを使用する

は豊富な魚類相が存在することで知られ、その数はおよそ一〇〇〇種に達すると言われている（5）。ここにきて、ようやく海はおさかな天国の様相を呈してきた。今回、ボートには船長の家族たちが同乗していた。単なる付き添いや遊びできたわけではなく、少年の手にはモリ、女たちは大きな米袋と例の万能貝採り棒を、そして各々の腰には獲物を下げるためのヒモが括り付けられている。合理的と言うかなんというか、しっかりと稼ぐつもりだ。そんなわけで、彼らのお手並みを拝見させてもらうよい機会にもなった。私が沖へと泳ぎ出たとき、少年が一人ついてきた。いや、正確には少年に私がついて行っただけかもしれない。少年は繰り返し深いところまで潜っては、魚を次々に捕まえていく。彼は先日海で出会った少年よりも四、五歳は年上のようで、もう一人前の漁師のようだ。

射止めたハタに集まったオグロメジロザメ、南の海では血を流すとすぐにサメが寄ってくる

しかし、初めこそ調子よく潜っていた少年だが、ここでアクシデントが起こった。海底にたたずむひときわ大きなハタに目をつけ、少年は再び華麗に潜行してゆく。そして素早く狙いを定め、発射されたモリは、見事に巨大なハタを射止めた。モリは、ハタの頭より少し後ろに刺さったようだ。すごい！と私は素直に感心してしまった。だが次の瞬間、ハタはモリが刺さったまま身を翻した。まだ元気一杯な様子である。そして、そのまま深場の方へ移動したかと思ったら、大きな岩の下に入り込んでしまった。さて、これは困ったことになった。少年の慌てぶりを見ると、モリはとても大事なもののようだ。持って帰らないと怒られてしまうとか、そういう何か懐かしい雰囲気も滲み出ている。取り返そうと何度も繰り返し潜行するのだが、さっきまで潜っていた場所よりさらに一〇メートルは深い。泳ぎ慣れた少年と言えど、三〇メートル近い海底にはなかなかたど

り着くことができない。海の透明度は抜群によく、ハタの逃げ込んだ岩の下からモリの端が依然突き出たままになっているのがはっきりと見える。さらに、岩の周りからはぼんやりと、だが魚の血らしきものが水中に流れ出ているのも見えている。少年に続いて私も潜行を試みたが、やはりだめだ。水の透明度が高過ぎて、どこまで潜っても浅い場所のような錯覚に陥ってしまう。しばらく潜行してからふと水面を見上げると、こちらを見下ろす少年がとても小さくなっていることに驚き、途中で引き返すことの繰り返しになってしまう。そうやって三分ほども二人で格闘していたころだろうか、またサメだ。集まってきたのはオグロメジロザメという種類で、二、三メートル弱の大きさのやつが三匹だ。熱帯のサンゴ礁ではよく見られるサメだが、先ほどのツマグロに比べると好戦的で、たまに人を襲うこともあるという(4)。少年が射止めたハタを狙って、集まってきたのだろう。オグロメジロザメたちは、ゆらゆらと水中を徘徊し、代わるがわる岩の下に顔を突っ込むことを繰り返している。そのたびにモリは大きく震え、揺れ動いているうちに、最後には砂の上に転がり落ちてしまった。ハタは一体どうなってしまったのだろうか。水面からはわかりようもないが、いつの間にかどこかへと逃げたようで、どうやらもう岩の下にはいないらしい。そのうち、サメたちは一匹ずつ姿を消していった。そしていつの間にか少年もモリを諦め、どこかへ行ってしまっていた。

さらに東の島へ

ピス島からはピセメウ島の陰に隠れて見えないが、そのさらに東にはオナフ島、エバリット島、そしてフォノチュ島といった小島が点々と連らなっている。これらの島々も大きな堡礁であるチューク諸島の縁辺に並んでいるため、それぞれの島と島の間には、無数の岩が海面に顔を出す暗礁帯が存在する。見れば浅瀬の上には、無残にも座礁して放置されたままの船がところどころに転がっている。そんな浅瀬の暗礁帯も、島の人達には大事な漁場のようだ。ここで一度ボートを止め、同乗してきた女性たちだけを海へ降ろす。そして船長はまたボートを走らせ、エバリット島の近くまでやってきた。早速海に入ると、ピセメウ島の周囲よりもさらにまた魚影が濃くなっている。体に鮮やかなブルーのラインが入ったタカサゴ類は数百の群れを成し、真っ赤なアカマツカサは、海底を高い被度で覆う枝サンゴの隙間にびっしりと隠れている。ベラの仲間はせわしなく泳ぎ回り、大きなブダイやハタの仲間も悠然と泳いでいる。ただしそれらは、ピス島と同じように浅いところには決して近寄って来ない。岩の下には、大きなハリセンボンの仲間であるネズミフグが隠れている。とてもおいしい魚なのだが、こいつだけは、警戒心のかけらも見せないので、ピス島ではあまり捕られていないのかもしれない。そして、ここでついに生きたウミガメにも出会うことができた。タイマイという種類で、甲羅はべっ甲の材料となる。泳いでいたのは、甲羅の長さ三〇センチメートル程度のまだ若い小さい個体だ。最初はゆったりと泳いでいたのだが、こ

暗礁帯には船が座礁したまま取り残されている

ようやく見つけたタイマイは猛スピードで逃げてしまった

水深５メートルほどの海底で休むトラフザメ

用意してくれたお弁当、載せられた「サシミ」が豪快

ちらに気が付いた途端に、猛スピードで泳ぎ去ってしまった。私は、タイマイがこんなに猛スピードで逃げるところは見たことがない。推測になるが、よほど普段島の人たちに追われているのだろう。それに、多くの魚に混じって、たくさんのサメが泳いでいる場所でもあり、おなじみのツマグロとオグロメジロザメに加えて、ネムリブカとトラフザメも見ることができた。トラフザメは、日中は海底におとなしくたたずんでいることが多く、夜間に活動的になるという。ダイビングをしていてもなかなかお目にかかれるものではないが、出会えたらじっくり観察できるので、ダイバー憧れのサメである。チューク諸島では、普通に見られるものなのだろうか。気性はおとなしく、人を襲うことはまずない[4]。また、スノーケリングでお目にかかったのは、私は初めてのことである。海を堪能し、そろそろ海からあがろうと思ってボートまで戻ると、ボートの下で激しく暴れているサメがいた。ネムリブカだ。このサメも、本来は穏やかな気性なので、あまり暴れたりはしないはずなのだが、何かあったのであろうか。ボートに上がってみると、答えがあった。なんと船長が、別のネムリブカを釣り上げていたのだ。おそらく、釣り上げる途中、そして釣り上げた後にサメから流れ出た血に反応し、ボート下のネムリブカは半狂乱になっていたのだろう。ピス島の人はサメを食べないので、ヒレを切り落として海へと捨てられているようだった。

船の上では船長の用意してくれたお弁当を食べた。これがなかなか興味深いメニューなので、ここに紹介させていただく。プラスチックのタッパーに入ったお弁当の主食は、炊いた白飯とコン（第二部第二章参照）、そしておかずは生魚だ。ちなみにこの日は、チョウチョウウオとブダイとニザダイだった。調理方法は豪快で、海岸に落ちている岩でこすって鱗を剥がした魚の表面に、切れ目をバッテン状に何重にも入れるだけ。もちろん生のままだし、内臓や鰓がついたままである。しかし、肉を歯でこそぐようにして食べると、ご飯と合っておいしかった。だが、ワイルドこの上ない。ちょっとばかり、寄生虫が心配だったりもする。ちなみに、島の人たちは、これを「サシミ」と呼んでいたが、日本の刺身とは明らかに別物だ。だが、いつも思うのだが、こういうメニューは現地で食すと不思議とおいしかったりする。しかも割と病みつきになったりする。今回にしてもいつの間にか満腹になるまで、サシミを食らってしまった。お昼ご飯を食べた後にもうひと泳ぎしたところで、そろそろ帰ろうかということになった。帰る途中で、浅瀬に残してきた女性たちを迎えに行く。別れてから大体三時間ぐらい経ったはずだが、日陰も何もない海の真ん中に置き去りにされて大丈夫なのだろうか。いや、そもそも何をやっていたのだろう。例の万能棒を持っていたことから考えて、多分フタモチヘビガイやシラナミなどの小さな貝がターゲットなのだろう。炎天下に晒されながら、小さな貝を探してほじくり続けるのはとても骨が折れそうだし、もともとの物が小さいために大した量にはならないだろう。そう私が考えを巡らせていたとき、女性の一人がボートに帰ってきた。すると、私の予想は全くの見当違いであることがわかった。大漁だ！　とんでもない数のタコを捕まえている。そもそも、巨大なワモンダコがこんなにいること自体が驚くべきことなのだが、各々が二キログラムはありそうな大ダコを一〇匹は捕まえていることに、もう言葉も出ない。女性たち全員が船に上がってくると、たちまち船底はタコで埋もれた。遠目で見たときには、一メートルもないような浅瀬で漁をしているように

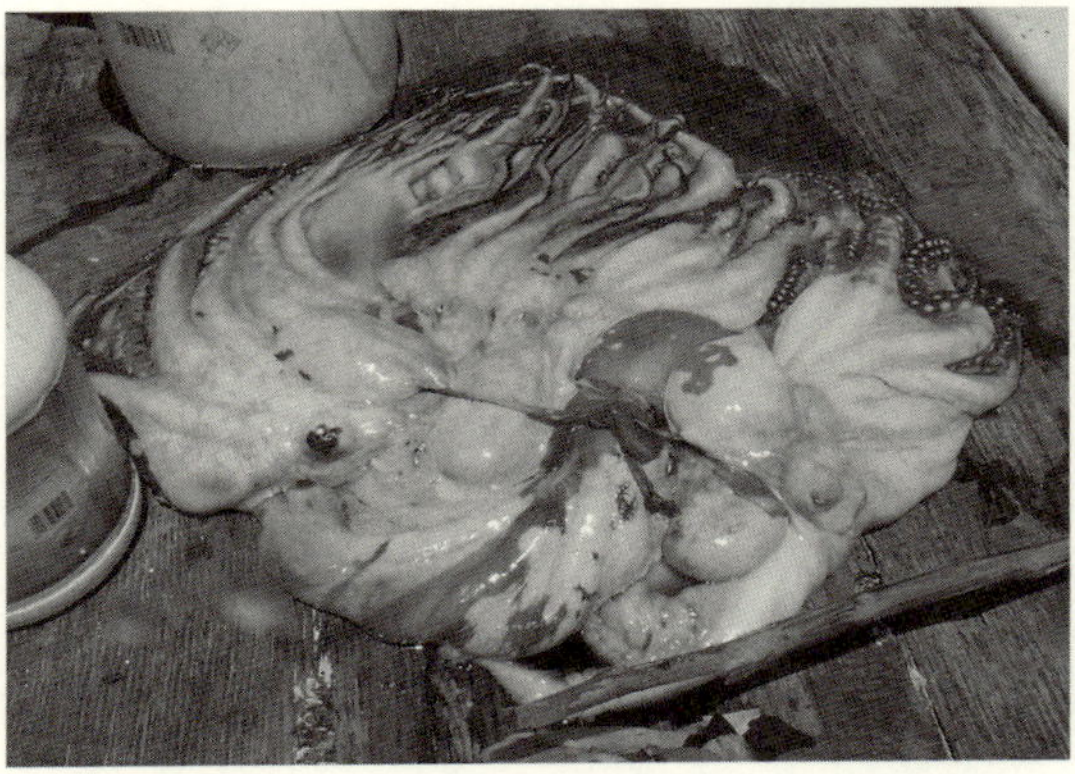

女性たちは大量のワモンダコを捕まえていた

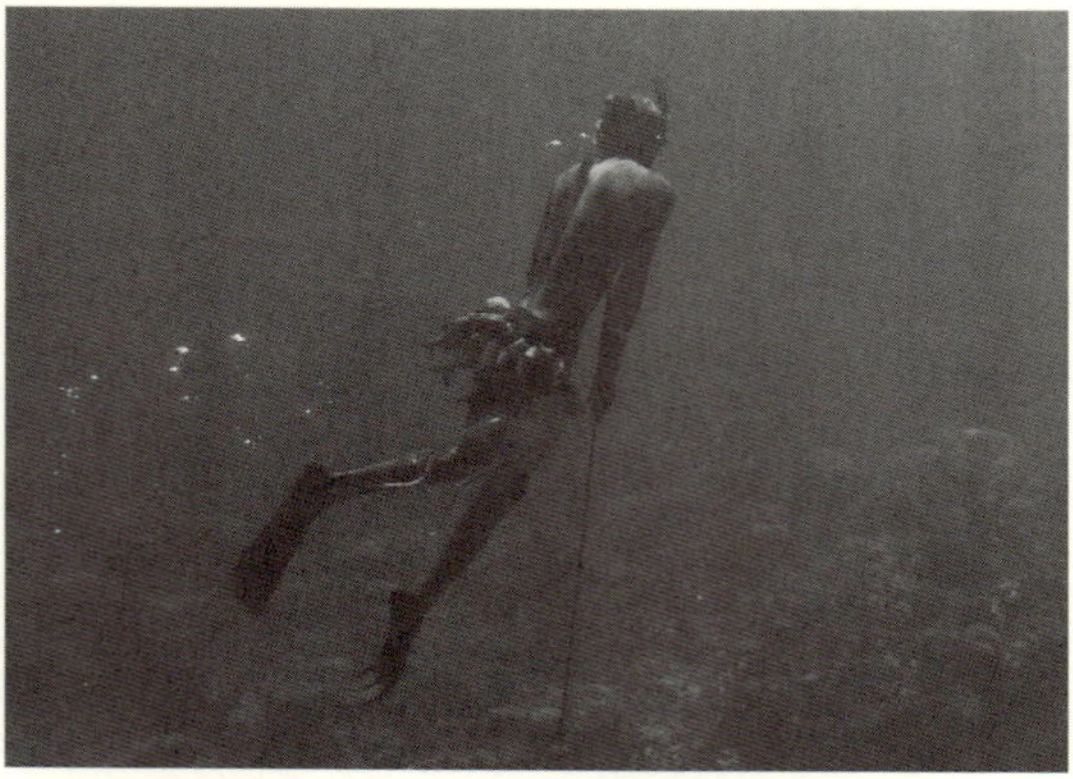

エバリット島周辺の海には魚が多く、漁も絶好調だ

見えたが、そもそもそんなところにこんなにタコがいるものだろうか。また彼女らは、一体どうやってタコをこんなに捕まえることができるのだろうか。前にもちょっと触れたが、ワモンダコはとても力が強く、見つけたからと言って簡単に捕まえられるものではないのだ。残念ながら、今回は彼女らのタコ獲りの勇姿を直接見ることはできなかった。

ピス島から少し離れた小島の周りの海には、ピス島よりも多くの豊かな生き物が生息していることは確かなようである。翌日は再びボートを出してもらい、またエバリット島までやってきた。今度は島でお世話になっている一家やその友人たち、みんな揃っての遠足だ。島に着くや否や、若い男たちはモリを携え海へと入っていく。女たちは海岸でお昼の準備をしているようだ。この日、船を泊めた海岸はエバリット島の東側で、前日来た場所の反対側にあたる。岸の際に沿って潮が程よく走るところで、底は見えないぐらい深い。大きなオニカマスが泳ぎ、深みにはオグロメジロザメの姿もみえる。全体的に魚影はとても濃く、島の人達の漁の方もはかどっているようだ。また、ここにはイシサンゴの群体がたくさん生えているが、そのどれもがとてつもなく大きい。一体何年物なのだろうか。チューク諸島の強烈な日差しと、抜群に澄んだ海水の恩恵か、三〇メートルを超えるであろう深い海底からも、大きく育ったハマサンゴの群体がそびえたっている。イシサンゴを食べることで有名なオニヒトデの姿もちらりほらりと見ることができたが、サンゴを大きく食害しているという印象は受けなかった。

さて、またしても楽しい昼ご飯だ。今日は大人数なので、準備されたご飯のメニューはいつもとは違う。量もさることながら、とても豪華な内容だ。海岸の石の上にココヤシの葉を敷き、その上に並べられたのは、ご飯にコンを乗せたもの、焼いた鶏肉、採れたてのフタモチヘビガイ、焼き魚そしてサシミである。島で今捕まえたばかりのオカガニとヤシガニの丸焼きも準備されていた。さらに、デザートはスイカだ。ご飯は、ココナッツジュースで炊かれているところがいつもと違い、甘い香りが心地よい。前日もお目にかかったサシミには、フエダイ、ブダイ、ニザダイのほか、釣り上げるとフンをすることから、ウンコタレの別名を持つイスズミの仲間などなど、様々な魚が使われていた。歯で骨から肉をこそいで食べていると、あることに気が付く。そう、このようにして食べると、どの魚の味も大して変わらない（ような気がする）のだ。骨に付いた肉、いわゆる中落ちの部分も余すことなく食べることができるため、普段私たちが食べないような小さな魚でも、おいしく無駄なく味わう工夫なのかもしれない。チューク諸島では、昔からこのような食べ方が行われているのか、これもまた気になるところである。

遠足の豪勢なお昼ご飯

おわりに

唐突に終わるようで申し訳ないが、これが私が今回、自分自身の目で見てきたピス島の海と生き物たちについてである。行く前に想像していた南の島のイメージをそのまま味わうことができたが、写真からではわからない海の様子と生き物たちの暮らしぶり、そして島の人たちとの関わり合いを垣間見ることができたと思う。もちろん、今回の滞在は極めて短いものだったので、全体像を理解するのには程遠い上、あともう二、三日滞在するだけでも必ず新たな発見があったことだろう。また、途中に書いた通り、色々と謎が残ってしまった。ジャノメナマコの島での食べ方はいまだに不明のままだし、ワモンダコ漁がどのように行われているかなどは、気になるところだ。特に、今回はスクーバダイビングができなかったため、私はひたすら浅いところでスノーケリングをしていたわけだが、膨大な数のワモンダコを目にしていた訳ではなかった。またぜひ島を訪れて、今度は直接拝ませてもらいたいものである。そして、今回の短い調査を通じて、それらにも増して特に気になったことが一つある。それは、この島の人たちは昔から今と同じものを海で捕まえ、食べていたのかと言うことだ。ピス島の周りでは大きな魚やイセエビが見られないこと、サラサバテイやチョウセンサザエなどの食用の貝があまり見られないこと、そして、大型魚やウミガメたちが見せる人間への異常な警戒ぶり、それらは島の周りにおける魚介類の捕りすぎ、ひいては乱獲に端を発する可能性があるということだ。ミクロネシア連邦では、全州で魚介類の乱獲が深刻な問題とされている。チューク州の隣のポンペイ州では、毎日一八〇〇キログラム（年間で六八〇トン）を超える魚が売買されていると言われるが、漁獲サイズや販売サイズについての制限が設けられていないことや、市場における魚類価値の過小評価が、乱獲に拍車をかけているとみられているようだ。特に市場で売られる魚は、七割近くが未成熟であるともいわれている(6)。また、今回はウェノ島で、丸々としたカツオが、ニジハギなどの小魚たちと同じ単価で売られている現場を実際に目にした。これも、資源価値の過小評価に起因するものではないだろうか。そして、以前より頻度は下がったものの、いまだに行われているダイナマイトを使った漁、そして毒物や目合の小さな刺し網による漁業も、サンゴ礁そのものを傷つけたり、小さな魚を根こそぎ捕まえる結果を生んでいるという(7)。今回の調査中には、実際にこれらの現場に遭遇することはなかった。私は、物事を短絡的に結び付けて話を進めたくはない。日常をそこで過ごしていないよそ者として、身勝手な意見を述べることも控えるべきだろう。だが、また、いつピス島を訪れても、今と同じホッとする風景で出迎えてもらいたいとは思う。そのためには、今ある海の環境が今よりも悪くならないように、願わずにはいられない。

注

（1）Jeffery, B. 2008. Diving World War II Wrecks of Truk Lagoon: Earthwatch 2008 Expedition Briefing and Forms. Available at: http://www.earthwatch.org/briefings/jeffery_briefing.pdf

（2）本川達雄・今岡　亨著　楚山　勇写真『ナマコガイドブック』（阪急コミュニケーションズ、二〇〇三年）

（3）久保弘文・黒住耐二『沖縄の海の貝・陸の貝』（沖縄出版、一九九五年）

（4）アンドレア フェッラーリ・アントネッラ フェッラーリ著　御船　淳・山本　毅訳　谷内　透監修『サメガイドブック』（阪急コミュニケーションズ、二〇〇一年）

（5）Park, H. S., Oh, J. H., Kim, S. W., Kim, T. H., Kim, T. H., Choi, H. W. and Chung, M. Y. (eds.) 2014. Environment of the Chuuk Lagoon. Korea Institute of Ocean Science and Technology, Korea.

（6）George, A., Luckymis, M., Palik, S., Adams, K., Joseph, E., Mathias, D., Malakai, S., Nakayama, M. R., Graham, C., Rikim, K., Marcus, A., Albert, J., Fread, V., Hasurmai, M., Fillmed, C., Kostka, W., Takesy, A., Leberer, T. and Slingsby, S. 2008. The state of coral reef ecosystems of the Federated States of Micronesia. In: The State of Coral Reef Ecosystems of the United States and Pacific Freely Associated States: 2008. NOAA Technical Memorandum NOS NCCOS 73 (Waddell, J. E. and Clarke, A. M. eds.), 419-436, NOAA/NCCOS Center for Coastal Monitoring and Assessment,s Biogeography Team, Silver Spring.

（7）Lindsay, S. R. and Edward, A. 2000. Coral Reef Status Report for the Federated States of Micronesia. College of Micronesia, Pohnpei.

貝類と人々

河合　渓

太平洋には多くの島が点在している。それらの島々は、長い時間をかけ様々な過程を経て形成されてきた。ミクロネシア連邦チューク州にあるピス島はサンゴでできた島である。サンゴは一般に暖かい海に生息し、体内に褐虫藻という植物の仲間を共生させ、褐虫藻が光合成で作り上げたエネルギーを利用しながら、固い骨格を形成し成長する。このため、多くのサンゴは光が届く浅い海にしか分布できない。

太平洋には隆起や沈降している島が多い。仮に、サンゴが生息している島が長い時間をかけゆっくりと海底へと沈降していくと、海面近くで褐虫藻が光を受け光合成をできるように、サンゴは骨格を上部に成長させていく。このような過程が続くと、サンゴは海面近くに大きな骨格の塊を形成することになる。この塊がサンゴでできた島となる。このような過程を経て形成された島の一つがピス島である。

人々は鉄を発見する前までは、石を利用して道具を作り上げていた。しかし、ピス島のようにサンゴで形成された島では、すべての土地がサンゴで形成されているため、岩石が存在しない。そのため、ここで生活してきた人々は、岩石の代わりに海に多く生息する貝類の殻を使用していた。特に、貝類の中でも貝殻がとても硬いシャコガイ類は貝斧などに幅広く利用されてきた。

普通に生活していると貝の硬さを考えることはないと思う。私たちの身近にある貝としてアサリがあるが、この貝殻を包丁の背のところでたたいてみると簡単に割れるのを思い出す人も多いだろう。それに対してシャコガイの貝殻はとてつもなく硬い。海岸でシャコガイの貝殻を見つけ思いきりハンマーでたたいても簡単に割れることはない。サンゴでできた島に生活してきた人たちはこのシャコガイを採集し肉を食べ、そして貝殻を生活に利用してきた。

貝類は世界に約一〇万種生息しているといわれ、太平洋の島々にも多くの貝類が生息している。これらの貝類は沿岸、浅海、そして深海と幅広い地域に生息し、太平洋の島に生活する人たちにとっては、食料、文化、社会、経済などになくてはならない存在となっている。ミクロネシアでは、儀礼における貨幣など様々な目的で貝類が利用されている。

初めてピス島を訪れたとき、人見知りな島民は私たちを遠巻きにしながら迎えてくれた。しかし、少し仲良くなると、近くで採集した貝類を見せてくれる。その中の一つに貝の愛好家の中では羨望のまなざしが向けられているナンヨウダカラという貝類があった。表面はオレンジ色のタカラガイの仲間である。この辺りの島々では、その美しさにひかれて、海外の貝収集家がナンヨウダカラを購入しに来るらしい。そのため、その数は激減し絶滅が危惧されている。

ミクロネシアで島民が採集した貝類（左下がナンヨウダカラ）

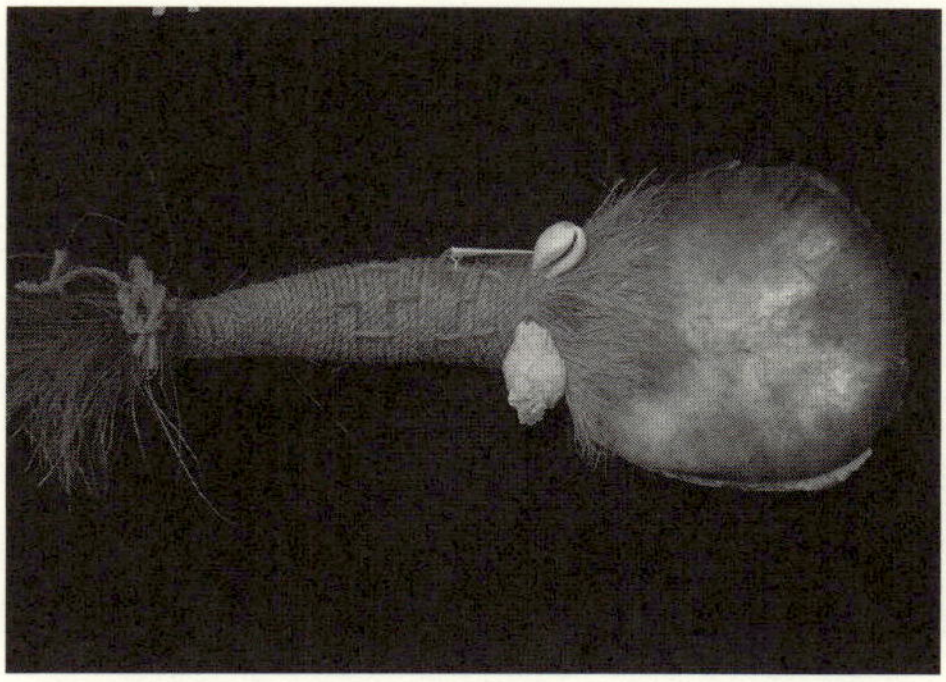
儀式で使われる貝貨（お土産品）

島の村長が教えてくれた。島では人が亡くなると、死者の胸の上に両手でこのナンヨウダカラを包み込むようにして置いて葬るのだよ、と。小さな島であるピス島では各家の前にいくつかのお墓が並んでいる。ナンヨウダカラは死者の魂を鎮め、眠る死者たちはナンヨウダカラを抱きながら島民を見守っている。

第四章　植生と植物利用

川西基博

皆さんは「南の島」と聞くと、どのような景色をイメージするだろうか。私は青い海と白い砂浜、そして多くのヤシの木のある風景である。この三つの要素がそろっている写真や絵画をみれば、南の暖かい島だとまよわず認識するのだがいかがだろうか。この中でも特にヤシの木が南の島の雰囲気を醸し出していると思う。

第一部第二章で紹介したように、チューク環礁には様々な島があり、その陸上の環境は島によって異なっている。ピス島はチューク環礁の北側に位置するサンゴ島で、直径が一キロメートル程度、歩いても一時間ほどで一周できるような小さな島である。サンゴによって作られた完全なサンゴ島であり、平坦でほとんど起伏がない。チューク環礁の主要な島であるウェノ島やトノアス島、トル島などの火山由来の島と比べると、地質、地形がずいぶん異なっているので、植物もサンゴ島の特徴が強く出ていると思われる。本章ではこのピス島に成立する植生の構造について述べるとともに、栽培・植栽されている植物と自生する植物の双方に注目して、その生態的特徴と利用について紹介していきたい。

海からみたピス島

ピス島の植生

ピス島にはウェノ島から小さなボートに乗って向かう。私が初めてミクロネシアの植物調査を行ったのがこのピス島で、小さなボートからチューク環礁の景色を眺めたときの感動は今でも鮮明に覚えている。ウェノ島を出発してからおよそ一時間後、ピス島が見えてくる。その海は澄んで美しく、白い砂浜の後ろにココヤシが鬱蒼と茂っている。まさに、南国の島のイメージそのものの景色であった。

この印象が強かったので、上陸前に海から島をみていたときは、島の植物はほとんどがココヤシなのではないかと思えた。しかし、上陸した後、島の中を歩くと、それだけではないことがわかった。海岸近くの住居を抜けて島の内部に向かうと、板根の発達した大木たちが森林をつくっていた。日本での感覚だと、このような森林に出会ったら、「なんて見事な自然林なんだ……」と思ってしまうのだが、この島の森を初めて見たときもこのような感想を持った。しかし、実際は自然林ではなく、島の人々が樹木を利用・管理している森林であった。大木の多くは、ミクロネシアの人々にとって最も重要な植物の一つであるパンノキである。

パンノキはチューク諸島では最も重要な食用植物である[1]。ピス島でも一本一本持ち主が決まっていて厳密に管理されているようであるが、その植栽は日本の果樹園のように規則的ではなくランダムに空いた空間に植えられているようで、そのためにパンノキ林内に入ると自然林のような印象を受ける。パンノキの栽培は、潮風による塩害と、地下の淡水レンズの存在によって影響を受けることが知られている。現地の人もこのことは認識していて、パンノキを植える場所を尋ねると、風あたりの強いところは好ましくなく、比較的内陸側に植栽すると教えてくれた。このため、多くのココヤシは特に海岸近くに島を取り巻くように分布しているのに対し、パンノキの林は島の内陸側に位置するといった植生のパターンがみられる。

このように島の広い範囲は森林であるが、一方で、ところどころに草地もある。面積はわずかであるが、ここではパンノキ林やココヤシ林とは異なった様々な植物がみられて興味深い。人々の家の庭ではきれいにそろった芝生のような草地があったり、家からちょっと離れたところに草丈の高い雑草の草地もあったりする。島の中心付近には湿地があり、巨大なサトイモ科作物が植えられている。反対に海岸側では、ココヤシの前面にわずかにある砂浜に、海岸性の草本植物が海岸植生を作っている。このように、小さいピス島の中でも、場所によってみられる植物の種類が大きく異なり、複雑な植生がみられるのは驚きであった。ピス島の植生構造を概観すると、中心部にサトイモ科作物のプナ（*Cyrtosperma merkusii*）の耕作地があり、その周辺がパンノキ林となる（図1）。海岸ではパンノキは見られず、ココヤシが特に多い。このように、主要な植物は、海岸から内陸へ向かって変化する傾向がある。この土地利用の配置が、典型的なサンゴ島の植生景観をつくっている。

ピス島のパンノキ林

ピス島の居住区は、プナの耕作地の周囲に同心円状に配置されているように見える。かつては島の北側にも人が住んでいたようだが、現在は住む人はおらずパンノキやココヤシの森になっており、住居は島の東側から南側

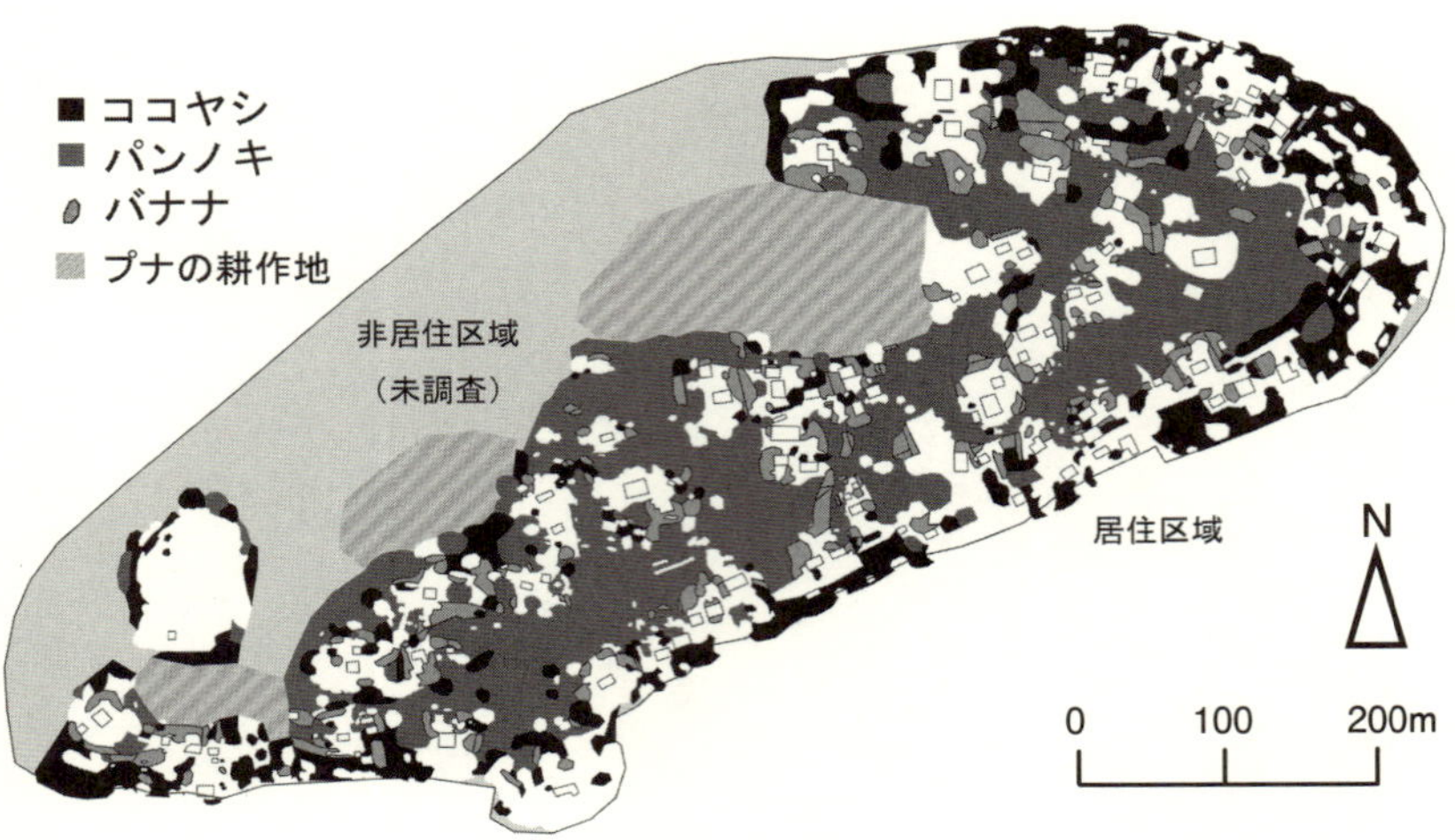

図１　ピス島の居住区における主要な有用植物の分布

にかけての地域に偏っている。住居と住居の間に位置する土地はパンノキの森となっていることが多い。また、住居に近いパンノキの森の縁または林床から庭先にかけてはバナナが植栽されている。このココヤシ、パンノキ、バナナ、プナがピス島では圧倒的に多い植物である。それ以外の植物は、これらの植物の隙間を埋めるように生育している。

二〇一五年に行った居住区域に生育する植物の分布調査では、一〇一種類の植物が確認できた。このときの調査は居住区域に限定しており、まとまった群落を作らない草本植物は対象外だったので、実際にはもっと多くの種類がピス島には生育しているだろう。小さな島の中に意外と多くの種類の植物が生育しているのである。

植物の特徴と利用

さて、ここで植物の特徴について考えてみたい。注目する際に、いくつかの観点がある。植物の進化的な背景を知りたいということであれば、科や属などの系統、つまり親戚関係をよく反映した特徴を重視する。それは、花や果実のかたちなどである。一方、植物の生活について理解したい場合は、木、草、つる植物などの茎の状態や、常緑、落葉といった葉の寿命などの成長に関係する特徴、または花粉媒介や種子散布の様式など繁殖に関係する特徴に注目する。これらは、植物が環境にどのように適応しているのかを理解するものである。生態的な特徴は進化と密接に関連しているので系統が反映されるのだが、系統的に全く関係のない生物どうしが似たような生態的特徴を持つ場合も少なくない。それは生物の収束進化（収斂《しゅうれん》）として知られている現象であり、同じ環境に対して適応した結果として生じる。このような生物の特徴と環境との関係はどのようになっているのだろう、と考えながら植物を観察するととても面白い。

では、ピス島の植物と環境との関係を考えるとき、どのような環境要因に注目すべきだろうか。物理的な環境としては、熱帯の海洋性気候の影響下にあり、サンゴ島の土地の影響があるだろう（第一部第二章参照）。そしてもう一つ、忘れてはならないのが生物的環境で、その最大の要因である人間の影響である。島でみられる主要な植物は、人の生活に密接に関係しているものがとても多く、人との関係性を抜きに理解することはできない。このことは、先に述べた生物の進化的背景に起因する特徴に加えて、人の手によって作られた特徴や、人による移動も考慮しなければならないことを意味する。

植物と人との関係は、植物の有用性から整理することができる（2）。

・食料としての植物：食用植物、油料植物、糖源植物、飲料植物、香辛料植物、飼料植物
・薬理植物：薬用植物、有毒植物（薬用として利用）、精油植物
・造形植物：木材植物、繊維植物、樹皮植物、ゴム・樹脂植物、染料植物、タンニン植物
・エネルギー植物：主に燃料となる木本植物
・鑑賞植物：公園・街路などの樹木や花木、花卉園芸植物、観葉植物など
・環境構成植物：人間の生活環境を維持、改善する働きをもつ植物

ピス島で見られる植物も、これらのどれかに当てはまり、用途と重要性によって管理の仕方が異なっているようだ。種類によっては、ココヤシやパンノキのように複数の区分に当てはまるものもあり、そうした植物は有用性の高い植物として重宝されている（3）。

住居周辺の食用植物

ピス島でもっとも普通に見られるのは先ほど述べたようにココヤシ、パンノキ、バナナといった重要な食料となる植物であり、住居のあるところではどこでもと言ってよいほどよくみられる。バナナはホームガーデンの縁からパンノキ林にかけてに植えられていることが多い。植物の調査をしている際の雑談でよく話題になる植物で、島民は品種にもこだわりがあるようであった。誰それのお嫁さんがトノアス島の出身で、結婚するときに持ってきたものだとか、ポンペイ島から持ってきたものだなど、入手元の地名や経路を品種名として用いている。特に、導入した元の地名で呼び分けていることが多いようで、島民からの聞き取りではフィジー、トンガ、サモア、ブラジルから持ってきたバナナの株があるということだった。

ココヤシ、パンノキ、バナナの三種に加えてサトイモ、サツマイモ、カボチャ類などが小さな畑で栽培されている。そのほかには、しがんで甘さを味わうサトウキビ、香辛料のカミメボウキ、コーヒーのようにして飲用にするハブソウ、地下部から澱粉を採取するキャッサバなども確認された。葉を食する植物として、チャイア（*Cnidoscolus chayamansa*）と呼ばれる低木や、スピナッチと呼ばれるブラジリアンスピナッチ（*Alternanthera sissoo*）など、日本でなじみのないものもある。ただ、これらを栽培しているのは一部の島民のみでそれほど多くない。

このように、様々な食用植物がみられたが、一方で、熱帯性の食用有用植物として一般的であるにもかかわらず、ピス島ではみられないものもあった。例えば、嗜好品としてミクロネシアの人々に大変親しまれているものにビンロウがある。しかし、ピス島ではビンロウやビンロウと一緒に噛むキンマの栽培はほとんど行われておらず、ごく一部の島民が庭先で栽培しているだけであった。また、ポンペイ島では主要な作物であるヤマノイモ科植物や、火山島のウェノ島やロマヌム島ではいたるところに巨木が見られるマンゴーも、ピス島ではほとんどみられない。このように、火山島では多いがサンゴ島ではみられないという植物が少なくなかった。

住居周辺の観賞用植物

食用の植物については第二部第二章で詳しく述べられているので、ここからはそれ以外の植物に注目していきたい。住居周辺で見られる有用植物として、食用の植物以外でよく目につくのは、装飾や観賞に利用される植物である。人家のすぐ近くには大きな樹木は植えられておらず、明るい庭になっていることが多い。このホームガーデンには家主の趣向に応じた様々な植物がみられる場合があり、個性が表れていておもしろい（表1）。ピス島の庭でよくみられる植物としては、シバがある。現地の言葉でも siba であり、日本統治時代に導入されたものであるという(4)。教会の周囲やある島民の庭では美しい芝生をみることができる。

熱帯の花木は赤や黄色など派手な花を咲かせるものであったり、葉が色づいたり特徴的なかたちになったりするものがある。ブッソウゲ（ハイビスカス）や、インドソケイ（プルメリア）が有名である。いずれも熱帯の雰囲気を醸し出す美しい花を咲かせ、ハワイ諸島やグアム島、沖縄のリゾート的なイメージとしてよく見かけるもので、ピス島でもこれらの花木は植栽されていた。そのほか、ポナペサンタンカ(5)、ナンヨウアブラギリ、ブーゲンビリア類、デイゴなども見られるが、多くはない。花を観賞する草本植物としては、ハマオモト類、ナガエササガニユリ、サフランの一種が比較的よくみられた。そのほか、わずかではあるが、アマリリス、ルコウソウ、

表１　ピス島でみられる主な観賞用植物

科名	和名	学名
花を観賞する植物		
アオイ科	ブッソウゲ（ハイビスカス）	*Hibiscus rosa-sinensis*
アヤメ科	サフランの一種	*Crocus* sp.
キョウチクトウ科	インドソケイ（プルメリア）	*Plumeria rubra, P. obtusa*
アカネ科	ポナペサンタンカ	*Ixora casei*
トウダイグサ科	ナンヨウアブラギリ属（ヤトロハ）	*Jatropha* sp.
オシロイバナ科	イカダカズラ（ブーゲンビレア）	*Bougainvillea* spp.
マメ科	デイゴ	*Erythrina variegata*
ヒガンバナ科	ハマオモト類	*Crinum* spp.
ヒガンバナ科	アマリリス	*Hippeastrum x hybridum*
ヒガンバナ科	ナガエササガニユリ（スパイダーリリー）	*Hymenocalis speciasa*
ヒルガオ科	ルコウソウ	*Quamoclit pennata*
ラン科	コウトウシラン	*Spathoglottis plicata*
ショウガ科	ハナシュクシャ	*Hedychium coronarium*
バンレイシ科	イランイランノキ	*Cananga odorata*
葉を観賞する植物		
イネ科	シバ	*Zoysia japonica*
ウコギ科	タイワンモミジ属（ポーリシャス）	*Polyscias guilfoylei*
トウダイグサ科	ヘンヨウボク（クロトン）	*Codiaeum variegatum*
ナンヨウスギ科	ナンヨウスギ属	*Araucaria* sp.
リュウゼツラン科	センネンボク	*Cordyline fruticosa*

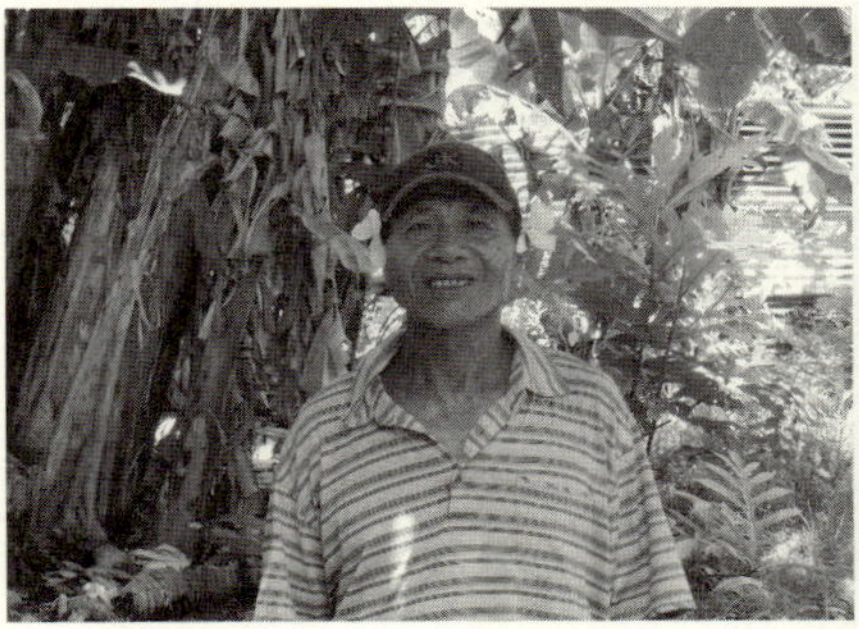

ハナシュクシャの花を耳にかざる男性

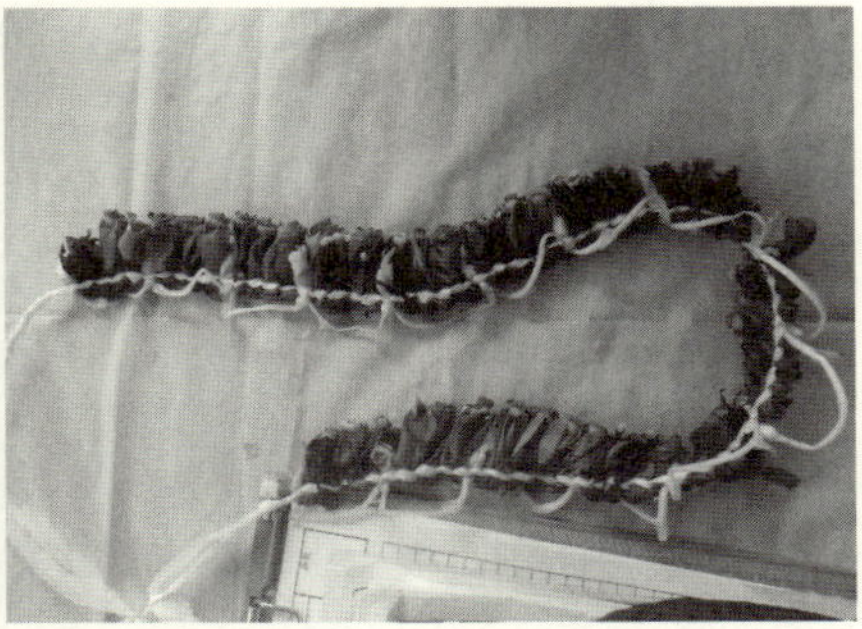

イランイランの花輪

コウトウシラン、ハナシュクシャなどの花卉園芸植物も植栽されている。印象深かったのはイランイランノキである。インドから東南アジア、オーストラリアに至る熱帯の各地で栽培される花木である(2)。この植物の花は、黄緑色をしていてハイビスカス類やプルメリア類に比べると地味な色合いであるが、強い芳香があるのが特徴であり、花輪によく使われる。現在、ピス島の中では日常的に花輪を身につけることはないようだが、ウェノ島の空港では餞別として花輪が贈られている光景をよく目にする。このため、ミクロネシアの島々をつなぐ飛行機の機内はよい香りが充満していることが多い。花輪や花飾りには芳香のある花に加えて、色鮮やかな花も使われる。実際にピス島の人々がどの花を花飾りに使っているのかは、詳細な調査ができていないが、ミクロネシアで一般的に花飾りによく利用されるものとしては、プルメリア類、サンタンカ類、ハマオモト類、ハナシュクシャなどがある(6)(7)。

観賞用植物としては、花木や花卉以外に葉を観賞するものもある。ピス島では、例えば、タイワンモミジ属植物、センネンボク、ヘンヨウボク（クロトン）などである。これらは、葉に白い斑が入ったり、赤や黄色など様々な色に変化したりする品種群があり、華やかな景観をつくる植物である。センネンボクとヘンヨウボクは、日本の南西諸島でも普通に植栽されている植物であり、ヘンヨウボクは奄美大島の自然を描いた画家、田中一村のモチーフとしても有名である。

ピス島の海岸植生

ピス島の森林や草地は、いずれも人間の影響を大きく受けてきたが、その中でも比較的自然に成立したと考えられるものとして海岸植生がある。海岸ではココヤシが最も目立つが、その海側には低木や草本など様々な植物が自生し、海岸植生を形成している（表2）。ピス島では、礁湖（ラグーン）に面した南側の海岸に砂浜がみられ、そこに砂浜植生が成立している。代表的な植物は、草本植物ではハマアズキが優占していることが多く、タカナタマメ、スナジタイゲキ、ハテルマカズラ、クロイワザサ、ハマオモトの一種などがみられる。そのほか、寄生植物のスナヅルが地表を這うだけでなく樹木を這いあがってカーテンのようになっているところもよく見かける。

クサトベラに寄生するスナヅル

　このような砂浜の草本植物群落よりも内陸側にはココヤシ、タイワンウオクサギ、キバナイヌヂシャなどの高木とともに、クサトベラやモンパノキなどの低木群落がみられる。子どもたちが海岸で遊んでいるときなどはよくこれらの木に登っているのをみかけた。これも立派な利用方法の一つといえるかもしれない。

　一般的には、熱帯の海岸にタコノキ属植物の群落が帯状に発達することが知られている。果

表２　ピス島の海岸でみられる主な植物

科名	和名	学名
ピス島の海岸に生育する主な植物		
アオイ科	サキシマハマボウ	*Thespesia populnea*
アオイ科	ハテルマカズラ	*Triumfetta procumbens*
イネ科	クロイワザサ	*Thuarea involuta*
イノモトソウ科	ミミモチシダ[*1]	*Acrostichum aureum*
クサトベラ科	クサトベラ	*Scaevola taccada*
クスノキ科	スナヅル	*Cassytha filiformis*
サガリバナ科	ゴバンノアシ	*Barringtonia asiatica*
シソ科	タイワンウオクサギ	*Premna serratifolia*
タコノキ科	タコノキ属植物	*Pandanus* sp.
トウダイグサ科	スナジタイゲキ	*Chamaesyce atoto*
ハスノハギリ科	ハスノハギリ	*Hernandia nymphaeifolia*
ヒガンバナ科	ハマオモトの１種	*Crinum* sp.
ヒルギ科	オヒルギ（白花品種）[*1]	*Bruguiera gymnorrhiza*
マメ科	タカナタマメ	*Canavalia cathartica*
マメ科	ハマアズキ	*Vigna marina*
ミソハギ科	ミズガンピ	*Pemphis acidula*
ムラサキ科	キバナイヌチシャ	*Cordia subcordata*
ムラサキ科	モンパノキ	*Heliotropium foertherianum*
海岸に果実や種子が漂着していた植物		
シクンシ科	モモタマナ	*Terminalia catappa*
センダン科	ホウガンヒルギ[*2]	*Xylocarpus granatum*
テリハボク科	テリハボク	*Calophyllum inophyllum*
ヒルギ科	オオバヒルギ[*2]	*Rhizophora mucronata*
ヤシ科	ニッパヤシ[*2]	*Nypa fruticans*

*1：主に塩性湿地に生育。
*2：ピス島には生育していない種。

タコノキ属植物の果実の収穫

モンパノキに登って遊ぶピス島の子どもたち

実が食用とされ、繊維や木材が利用されたりする有用植物である。ピス島でも利用されているが、それほど多くなく点在する程度である。

同様に海岸でよく見られる植物としては、アオイ科の樹木がある。ピス島でよく見られるのはサキシマハマボウで、オオハマボウはほとんど見られない。オオハマボウは熱帯太平洋の海岸植生をつくる樹木としてよく知られており、沖縄でもユーナと呼ばれて親しまれている。チューク諸島にも分布しており、ウェノ島などの火山島には大変多い樹木であるが、ピス島のようなサンゴ島では多くないようである。

また、マングローブもない。ピス島では島の南西部に小さな湿地があるのだが、そこはミミモチシダの群落になっている。ミミモチシダはマングローブ周辺でよく群落をつくるシダ植物なので、マングローブと類似した立地環境ではないかと考えたのだが、周辺を調査したところ、オヒルギを一本だけ確認したのみで（萼の白い野生の種類であった）、それ以外のマングローブ樹種は分布していなかった。

ピス島から少し離れた無人島のエバリット島で海岸に打ち上げられた種子・果実を観察したことがある。そこではタコノキ属植物、テリハボク、モモタマナなど海岸でよく見かける植物とともに、オオバヒルギ、ホウガンヒルギ、ニッパヤシといったマングローブを構成する樹木の果実がよく打ち上げられていた。おそらく、礁湖内のウェノ島、トノアス島、トル島などに成立するマングローブから流れてきたのだろう。このようなマングローブの植物は、ピス島にも頻繁に漂着している可能性が高い。マングローブ林が成立するのは河口デルタ域、礁湖、タイダルフラットなどの地形場[8]とされるが、巨大な環礁上のサンゴ島では、そのような立地は形成されない。したがって、ピス島やエバリット島など環礁上の小さな島では、マングローブ植物の種子が流れ着いても、発芽定着できるような立地がないため、マングローブの林が発達しないのである。

エバリット島の海岸に漂着していた様々な果実（左上の大型の果実がニッパヤシ、その下の楕円形の果実はモモタマナ、右上の不定形の果実はホウガンヒルギ、その下の細長いものはオオバヒルギの胎生種子、下側の歯のような形の果実はタコノキ属植物）

おわりに

以上のように、ピス島の植生は、チューク環礁内の大きな火山島に比べると比較的単純な構造ではあるものの、人間の暮らしに関係した種々の有用植物がつくる植生景観は思った以上に複雑で、じつに興味深いものであった。昔はどうだったのか、どのように変化してきたのかにも興味があるが、残念なことに過去の情報が乏しく詳しいことはわからない。今後、人の生活の変化とともに島の植物も変化していくことが予想され、また、地球温暖化の影響も気になる。このようなことを気にしながら、次回、ピス島を訪れるのを楽しみにしている。

注

（1）印東道子『ミクロネシアを知るための58章』（明石書店、二〇〇五年）
（2）堀田　満・緒方　健・新田あや・星川清親・柳　宗民・山崎耕宇編『世界有用植物事典』（平凡社、一九八九年）
（3）ココヤシやパンノキなどの詳細な利用方法については第二部第二章を参照。
（4）Manner, H. I. 2013. Contributions of Clarence Y.C. Wong and current updates on the flora of Romonum Island, Chuuk Lagoon, Federated States of Micronesia. Ethnobotany Research and Applications, 11: 205-249.
（5）和名については、中村武久・内藤俊彦編『ポナペ島　その自然と植物』（第一法規出版、一九八五年）より引用。
（6）山田孝子『南島の自然誌　変わりゆく人―植物関係』（昭和堂、二〇一二年）。
（7）Balick, M. (ed.) 2009. Ethnobotany of Pohnpei: Plants, People, and Island Culture. University of Hawai'i Press, Honolulu.
（8）宮城豊彦・藤本　潔・安食和宏『マングローブ―なりたち・人びと・みらい』（古今書院、二〇〇三年）

島の自然環境と観光

宋　多情

限られた資源を有効に活用するために提唱された「持続可能な開発」といった理念は、人々の自然環境に関する意識に変化をもたらし、観光に新たな概念を生み出した。エコツーリズムは、「比較的に荒らされていない自然地域で景色や野生植物や動物を観察し研究し楽しむ、あるいはその地域にある文化的特色（過去と現在のもの両方）を見るという特別の目的をもった『観光』の一部」として位置づけられる(1)。エコツアーの実践においては、自然を解説するインタープリター(2)として、地元の人やガイドの存在は不可欠である。それではピス島において観光はどのように位置づけられるのか。エコツーリズム概念を念頭に置きながら、新しい収入源としての観光の可能性を島の自然環境と地域の特徴から検討したい。

チューク州における観光は、釣りやダイビング、スノーケリングなどの海洋レクリエーションが中心である。特に、第二次世界大戦時に撃沈された戦艦などを見学できる沈船ダイビングポイントがチューク環礁内に点在していることで、アメリカ合衆国やオーストラリア、ロシアなどから多くのダイバーが訪れる。陸域では、戦跡めぐりをはじめとする、トレッキングやバードウォッチング、亜熱帯植物などの自然観察が可能である(3)。

ピス島へ行くには、ウェノ島から船外機付ボートで約一時間かかる。その上、ウェノ島南部の海域に広がる沈船ダイビングポイントとは反対方向に位置しているため、観光においては不利な立地条件にあるといえる。しかし、外部者の出入りが比較的に少ないことによって、ありのままの自然環境が維持されてきたと考えられる。

筆者は、二〇一四年九月、エバリット島という無人島で半日を過ごした。無人島へ行くなんてすごく遠いイメージがあったのに、ピス島から一五分ぐらいで着いたので、今自分が小さな島々からなるミクロネシアに来ていることに改めて気づかされた。船外機の音が消えると、隔離されたかのように静かで、無人島にたどり着いたことを実感する。昼食に使う食料を得るために、海ではスノーケリングをしながら貝と魚を、陸では鬱蒼とした森を探検しながらヤシガニやオカガニを採った。このような活動は、自然を楽しむ延長線上にあると感じた。ココヤシの葉はレジャーシートと皿の代わりになり、伝統的な方法で調理をした米飯、甲殻類、魚や貝類をみんなで食べる。特別に味付けをしなくても新鮮な素材そのものの味が食欲をそそる。

このような非日常的なゆったりとした時間や特別な空間は、人の観光経験をより豊かにする。無人島をプライベートアイランドとして観光商品化することは、ウェノ島を拠点にするリゾートホテルや旅行業者によってすでに行われている(4)。ピス村が所有する七つの無人島も、有効に活用すると観光資源になり得ると思われる。ただし、単純に無人島まで道案内をして、質問された動植物の名前を答えるといった程度では、ピス島の人々をインタープリターとして評価することはいまだに難しい。

観光は、地域振興の手段としてよく取り入れられるが、外部者が主体になることによる地域住民の周辺化、過度の利用が及ぼす自然への悪影響などの欠点も存在する。このような問題を常に念頭に置きながら地元の人々が主体となる観光を実践することが、ピス村の持続的な発展につながると思われる。

〔注〕

(1)エコツーリズムの定義は様々であるが、本稿ではラスクラインの定義を用いる。
エクトール セバリョス ラスクライン 一九九一 エコツーリズムって何なんだ?! 自然保護 三五一:四~八

(2)歴史・文化財に関する解説を含む、自然解説(インタープリテーション)を行う人。インタープリテーションとは、単なる事実情報を伝達するというより、参加者がある自然(国立公園など、または博物館などの文化施設)の利用を通じて、その意味や関係を理解させる教育的活動である。

(3)ミクロネシア連邦政府観光局 http://www.visit-micronesia.fm/jp/index.html(二〇一七年一〇月参照)
環境庁自然保護局計画課『自然・ふれあい新時代:自然環境保全審議会利用のあり方検討小委員会報告』(第一法規、一九八九年)

(4)トラックブルーラグーンリゾートが所有するジープ島やキミオ・オローラ島がその例である。日帰りだけではなく、宿泊ができるツアーもある。

第五章　公衆衛生

大塚　靖

ピス島にボートで行く時、ウェノ島の港近くの店で必要なものを買い揃えてから島に向かう。食料やトイレットペーパーなどを買うのだが、忘れてはいけないものに蚊取り線香がある。

ピス島では、前村長の家にお世話になっている。二階のテラスにテーブルがあり、そこでお茶を飲んだり、ご飯を食べる。テーブルには私たちが買ってきたコーヒーが置いてあり、いろいろな人がやって来てはコーヒーを飲んでいく。私たちが買って来たコーヒーは誰もが無料で飲めるからだ。島の人はコーヒーが大好きだ。夕方近くになると、このテラスに蚊がやってくるので、テーブルの下に蚊取り線香をセットする。夜は二階の部屋で寝るのだが、暑いので当然窓を開けて寝る。そうすると蚊がやってくることがある。刺されるのは嫌なので、寝る前にも忘れずに蚊取り線香をセットするようにしている。

これらの蚊は、さされると痒いだけではなく、時に病原体を媒介する。蚊が媒介する病気として世界的に最も問題になっているのはマラリアである。幸い、ミクロネシア連邦にはマラリアを媒介するハマダラカがいないこともあり、マラリアの流行はない。しかし、ミクロネシア連邦を含む太平洋の国々では、線虫の一種であるフィラリアに感染することにより、リンパが皮下組織に浸透し、皮膚が象の皮膚のように増殖する象皮病などを起こすリンパ系フィラリア症が広く流行していた。太平洋リンパ系フィラリア症対策プロジェクトは、太平洋のミクロネシア連邦を含む二二カ国および地域からリンパ系フィラリア症を制圧する目的で一九九九年に設立された。それ以降、世界リンパ系フィラリア症制圧計画の一環として、ＷＨＯのガイドラインに沿って集団薬剤投与プログラムを展開した。現在、太平洋諸国の多くは集団薬剤投与プログラムを終了し、制圧確認のステージを見据えたサーベイランスの段階にある(1)。現在では、ミクロネシア連邦でリンパ系フィラリア症に感染する可能性はほぼない。このリンパ系フィラリア症を媒介する蚊の種類は、それぞれの地域で異なっており、ミクロネシア連邦ではネッタイイエカ（*Culex quinquefasciatus*）が媒介していた。この蚊は夜間に吸血する。ピス島で夜中に吸血に来るのはこのネッタイイエカだが、フィラリア症を心配する必要はない。

デング熱

蚊が媒介する重要な感染症としてデング熱がある。太平洋の国々では東南アジアほどではないが、以前からデング熱の流行が起こっている。ミクロネシア連邦では、デング熱の流行は一九九五年にヤップ州で起きた(2)。その後、二〇〇四年にもヤップ州でさらに大きな流行があり(3)、二〇一二年にはコスラエ州で流行が起こっている(4)。ピス島のあるチューク州では大規模な流行は起こってはいないが、散発でのデング感染を疑う症例は報告されている(5)。

デング熱は、フラビウイルス科に属するデングウイルスに感染すると発症する、急性熱性疾患である。感染後二～七日の潜伏期の後、発熱、頭痛、関節痛などの症状を示す。小児では死亡率が高くなるので、注意が必要である。さらに、デング出血熱になると、血管からの血漿露出による循環血液量の低下が起こり、ショック症状、末梢血管での血液凝固へ進行し、消化管などから大量出血が始まり、死に至ることがある。デング熱は二〇〇〇年前後から世界的に急激に拡大し、近年では、世界で毎年三五〇〇万人の感染者、二〇〇万人のデング出血熱、二万人の死者が出ている(6)。日本でも二〇一四年に東京の代々木公園を中心に流行があり、一六〇人が感染した。海外で感染して、日本国内でデング熱と診断される輸入症例はこれまでもあったが、日本国内で感染するデング熱症例は七〇年ぶりであった。

デング熱を媒介する蚊はヤブカ（*Aedes* 属）である。世界的にはネッタイシマカ（*Aedes aegypti*）がデング熱の媒介蚊として最も重要である。デング熱の流行地とネッタイシマカの分布は非常に関連がある。また、ヒトスジシマカ（*Aedes albopictus*）もデング熱の媒介蚊として重要である。日本にはネッタイシマカが分布しておらず、日本でのデング熱の媒介はヒトスジシマカが行った。また、そのほかのヤブカが媒介することもある。先ほど紹介したヤップ州でのデング熱の流行では、ミクロネシア地域などに分布する *Aedes hensilli* が媒介していた。

同じ蚊が媒介するウイルス感染症の日本脳炎に対してはワクチンがあるが、デング熱は現在のところ有効なワクチンは開発されていない。さらに、デング熱に特定の治療薬があるわけではなく、発症した場合も症状を抑える対症療法となる。ピス島には、病院はない。看護師はいるから限られた薬なら手に入るが、医師に診てもらうとなると、ボートでウェノ島にまで行かなければならない。このような病院のない島でデング熱の流行が起こると、島内で対応が不可能であることは容易に想像できる。

デング熱に対する最も有効な対策は、蚊に刺されないことだ。蚊の発生をなくすことができれば、さらによい。医療機関が十分でない離島にとっては、デング熱対策としては蚊の発生を抑えることが特に重要になってくる。

ミクロネシア連邦の蚊の分布

私たちは、ミクロネシア連邦でデング熱媒介蚊対策のプロジェクトを行うにあたり、まず、どのような蚊がミクロネシア連邦に分布しているのかを調べた。野田はミクロネシア連邦の各州で蚊の採集を行い、どのような種が分布しているのかをまとめている（表1）(7)。蚊の種類を決定することは、病原体媒介昆虫に関する対策を行う基本であり、最も重要なことである。

一つ目の理由として、多くの種類の蚊がいても、その地方で病原体を媒介している種は限られているからである。ピス島にもいるネッタイイエカはデング熱を媒介しない。よって、デング熱対策という点ではネッタイイエカを減らしても効果はない。もう一つの理由は、蚊は種によってその生態が大きく異なるので、種によって異なった対策が必要となるからである。

先ほどデング熱媒介蚊として紹介したネッタイシマカとヒトスジシマカの二種は、近縁ではあるが、いくつかの点で生態が異なる。まず、ネッタイシマカはヒトを好んで吸血するのに対して、ヒトスジシマカは人以外にも動物や鳥を吸血する。また、ネッタイシマカは家の中でも吸血するが、ヒトスジシマカは家の中には入って来ない。ネッタイシマカによって感染症が流行している地域は、家の中でも殺虫剤を散布しなければ効果がないが、ヒトスジシマカによって流行している場合はその必要はない。

表1にあるように、ミクロネシア連邦には四属二一種の蚊がいる。ミクロネシア連邦の蚊の分布の特徴としては、マラリアを媒介するハマダラカ（*Anopheles* 属）はいない。また、ネッタイシマカ、ヒトスジシマカ、ネッタイイエカは世界的に分布している種だが、それ以外はミクロネシア地域に分布する在来種である。特に注目したいのは、ウェノ島にはヒトスジシマカがいるが、ネッタイシマカとヒトスジシマカが分布しているのは

表１　ミクロネシア連邦の蚊の分布

	ヤップ州						チューク州			ポンペイ州			コスラエ州
		ウルシー環礁											
	ヤップ	ファラロップ	モグモグ	アソール	ファッサライ	ファイス	ウェノ	ロマヌム	ピス	ポンペイ	カーラップ	ピンゲラップ	コスラエ
Aedes hensilli	◎	◎	◎	◎	◎	◎	◎	○	◎				
Aedes albopictus							○			○	◎		◎
Aedes aegypti												◎	△
Aedes lamelliferus	○						△						
Aedes maehleri	○												
Aedes scutoscriptus								◎	◎				
Aedes hakanssoni										◎			
Aedes oakleyi										○			
Aedes marshallensis											◎	◎	◎
Aedes vexans noctanus												△	
Aedeomyia catasticta	△												
Culex quinquefasciatus	△	○	○	○	△	○	△	○	○	○	○	○	○
Culex annulirostris	△						△		○	△			△
Culex sitiens	△												
Culex gossi		△											
Culex nigropunctatus						△							
Culex carolinensis							◎	○	○				
Culex maplei										◎			
Culex kusaiensis													○
Lutzia fuscana	△												
Lutzia vorax							△						

◎：30％以上の生息箇所に幼虫、○：10～30％以上の生息箇所に幼虫、△：10％以下の生息箇所に幼虫。
Noda（2014）を一部改変。

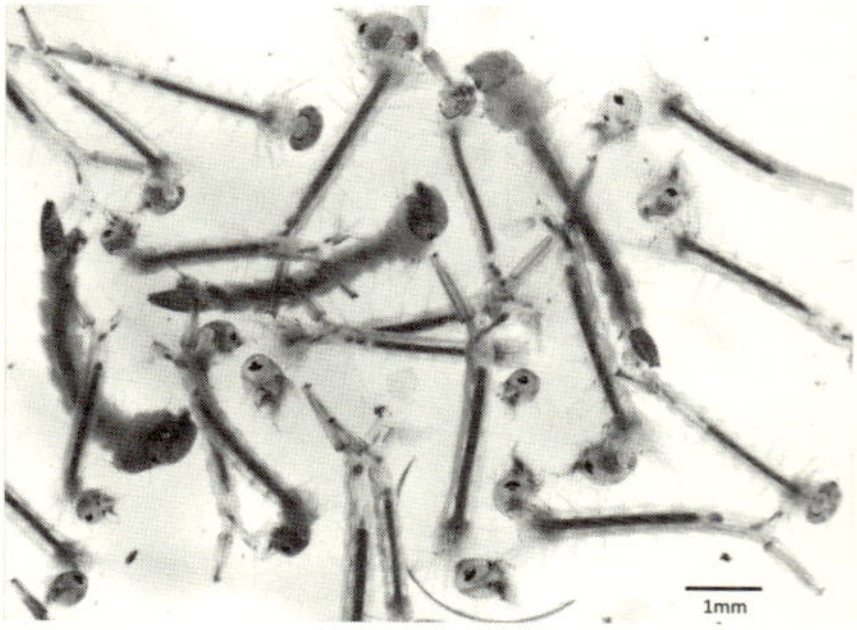

採集した蚊幼虫

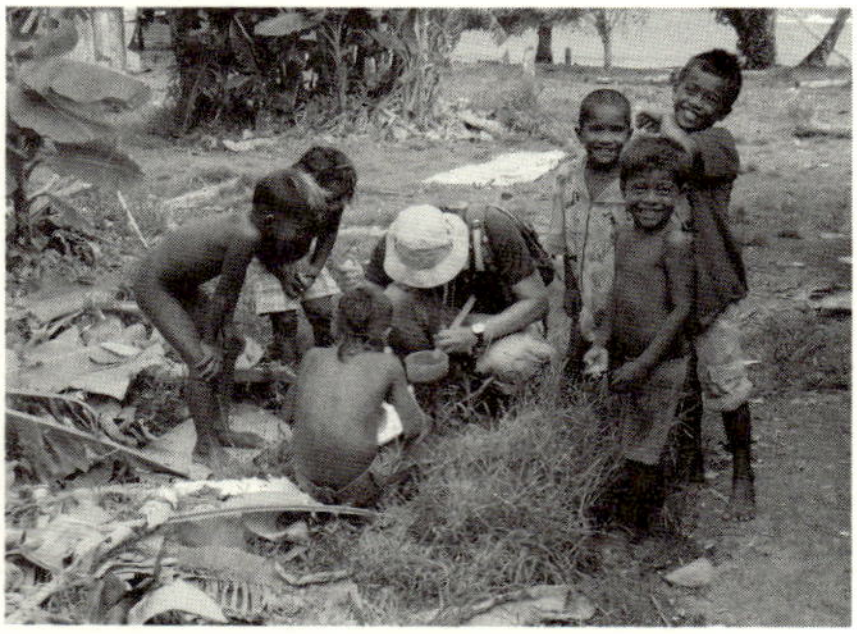
蚊幼虫採集の様子

Aedes hensilli がいない地域だということである。このことは、ネッタイシマカとヒトスジシマカは、*Aedes hensilli* と何らかの生態的に競合するところがあり、*Aedes hensilli* が分布する地域には定着できなかったと考えられる。ネッタイシマカとヒトスジシマカが侵入してこなかったのはよいことではあるが、逆に言えば、*Aedes hensilli* はこれらの種と似た性質を持っている可能性がある、ということでもある。

そして、私たちのチームは二〇一二年より、島、それも離島でデング熱媒介蚊対策を行うときに、どのように行うべきか、そもそも何が問題かを明らかにするために、ある特定の島全体での調査を行うことにした。ピス島をその調査地に選んだ理由としては、島の大きさが調査を行うにあたって適切であることと、以前から様々な調査でこの島を訪れていて、地元の人々と良好な関係を築けていたところが大きい。

ピス島での蚊の分布調査

島という限られた場所でどのような蚊がどのような場所に生息していて、島の社会と蚊の生息域がどのように関連しているのかを明らかにするために、ピス島で蚊の分布調査を行った。調査方法としては、各世帯に行き、敷地をくまなく回り、可能な限りのすべての水が溜まっている容器について、蚊の幼虫がいるかどうかを調べた。水がある容器は、容器の素材、大きさを

表２　ピス島での蚊幼虫発生容器数

	容器種類	蚊幼虫	種類別 **					
			Ah*	As	Cq	Cc	Ca	不明種
天然素材	ココヤシ殻	87	71	17	3	6	1	1
	バナナ葉	6	3	4	1	1	0	0
	樹洞	1	0	1	0	1	0	0
	貝	1	1	0	0	0	0	0
	水たまり	1	0	0	1	0	0	0
人工素材	プラスチック容器	30	20	10	4	1	2	0
	金属容器	26	16	4	5	0	1	1
	瓶・陶器	1	0	1	0	0	0	0
	井戸	6	0	0	4	0	3	0
	タイヤ	3	1	1	0	1	0	0
	便所のタンク	2	1	1	0	0	1	0
	素材不明	1	1	0	0	0	0	0
	合計	165	114	39	18	10	8	2

* Ah : *Aedes hensilli*、As : *Aedes scutoscriptus*、Cq : *Culex quinquefasciatus*、Cc : *Culex carolinensis*、Cs : *Culex annulirostris*。

** 一つの容器に複数の種類が生息することもある。

記録し、写真を撮影した。幼虫がいると、ピペットで容器に移し、宿舎に帰ってアルコールを入れて、後で種を同定する。調査は八月に行い、数日かかって可能な限りの世帯を回って調査を行った。

表1で示すように、ピス島には *Aedes hensilli*、*Aedes scutoscriptus*、ネッタイイエカ（*Culex quinquefasciatus*）、*Culex carolinensis*、*Culex annulirostris* の五種の蚊がいる。

二〇一二年は、四五世帯で調査を行った。その結果、三九七個の水の溜まっている容器を記録した。その中で、蚊の幼虫がいたものは一六五個で、素材別、種類別にまとめると表2のようになる。最も多くの発生場所にいたのは *Aedes hensilli* で、ついで *Aedes scutoscriptus* であった。発生容器の数としては、ネッタイイエカをはじめとする *Culex* 属はそれほど多くなかった。

蚊の幼虫は、水が溜まっている様々な容器を生息場所にしている。どのような発生容器に幼虫がいたのかをみてみると、最も多かったのがココヤシ殻である。その次に、プラスチック容器、金属容器と続いた。表2は大きく素材別に天然素材と、人が作った人工素材に分けている。そもそも、ネッタイイエカ以外の種は、人がミクロネシアにやっ

図１　様々な幼虫発生容器（a：プラスチック容器、b：プラスチック製水タンク、c：缶、d：ビン、e：タイヤ、f：井戸、g：ココヤシ殻、h：バナナ葉、i：樹洞）

て来る前からこの地に生息していたと考えられる。人が来る以前は、それらの種類は天然素材のみを生息場所として利用していたはずである。しかし現在では、すべての在来種が人工素材の容器を利用していることがわかる。ココヤシ殻については、素材としては天然だが、蚊が生息するための水が溜まるには、図１ｇのように、半分に割ったり、一部に穴が空いていなければならない。自然に穴が開くことはほとんどなく、これはココナッツの胚乳部分を食べたり、飲んだりするために人が割っているのである。よって、ココヤシ殻は素材としては天然だが、人の活動によってできた蚊幼虫の生息場所である。島で飲むココナッツジュースはおいしい。特に調査で回っているときに、ココナッツジュースを出してくれるときがあるが、疲れた体に染みるように入ってくる。ココヤシは人がこの地域に入って以来、飲料、食料、殻は容器、外皮は繊維、燃料として利用しているのである。ピス島の蚊にとって、人が来て以来ココヤシ殻は主要な生息場所であったことがわかる。

人工素材は人の生活の近代化と関係がある。島の人々は家庭で出てきた生活ゴミを家の周りに捨てている。そのゴミ山にある、プラスチック容器、缶、ビンなどに水が溜まり、蚊が発生している。ゴミを家の周りに捨てるのは、現代の日本人からすればどうかと思えるが、今のような近代的な生活様式がこの地域に入ってくる以前は、生活用品をすべてバナナやココヤシ、パンダヌスなど自然の素材で作っていたはずである。今でも、近くのエバリット島にピクニックに行くときなどは、ココヤシの葉でマットや皿を用意してくれるし、お願いすればココヤシなどでトラディショナルハウスも作ってくれる。それらの素材はやがて腐っていき、自然に戻るため、使い終わったら周りに捨てても問題はない。しかし、現在捨てられているゴミの中には、安価で丈夫な人工素材のものが多く、それがゴミとなると、水が長期にわたって溜まり、蚊の幼虫にとってとてもよい生息場所となっている。蚊は雌が水のあるところに卵を産み、数日でふ化した後、一週間ほどで成虫になる。それゆえ、一〇日ほど水が溜まっていれば、蚊の繁殖場所となる。適度に雨が降り、さらに日陰にあれば、同じ容器は数年単位で蚊の生息場所となるであろう。

世帯ごとの蚊の幼虫発生数をグラフにすると、図2のようになる。調査した四五世帯で、四一世帯には蚊幼虫が発生した容器があった。平均すると世帯あたり三・七個で、三個の発生容器がある世帯が最も多かった。このグラフで注目したいのは、二三個の発生容器がある家庭があったということだ。このように多くの発生容器があるところは、ココヤシ殻を敷地のいたるところに捨てている場合が多い。

最も発生数が多かった *Aedes hensilli* の分布図を地図上にプロットしてみると、図3のようになる。特定の家庭に多いが、島全体で発生していることがわかる。

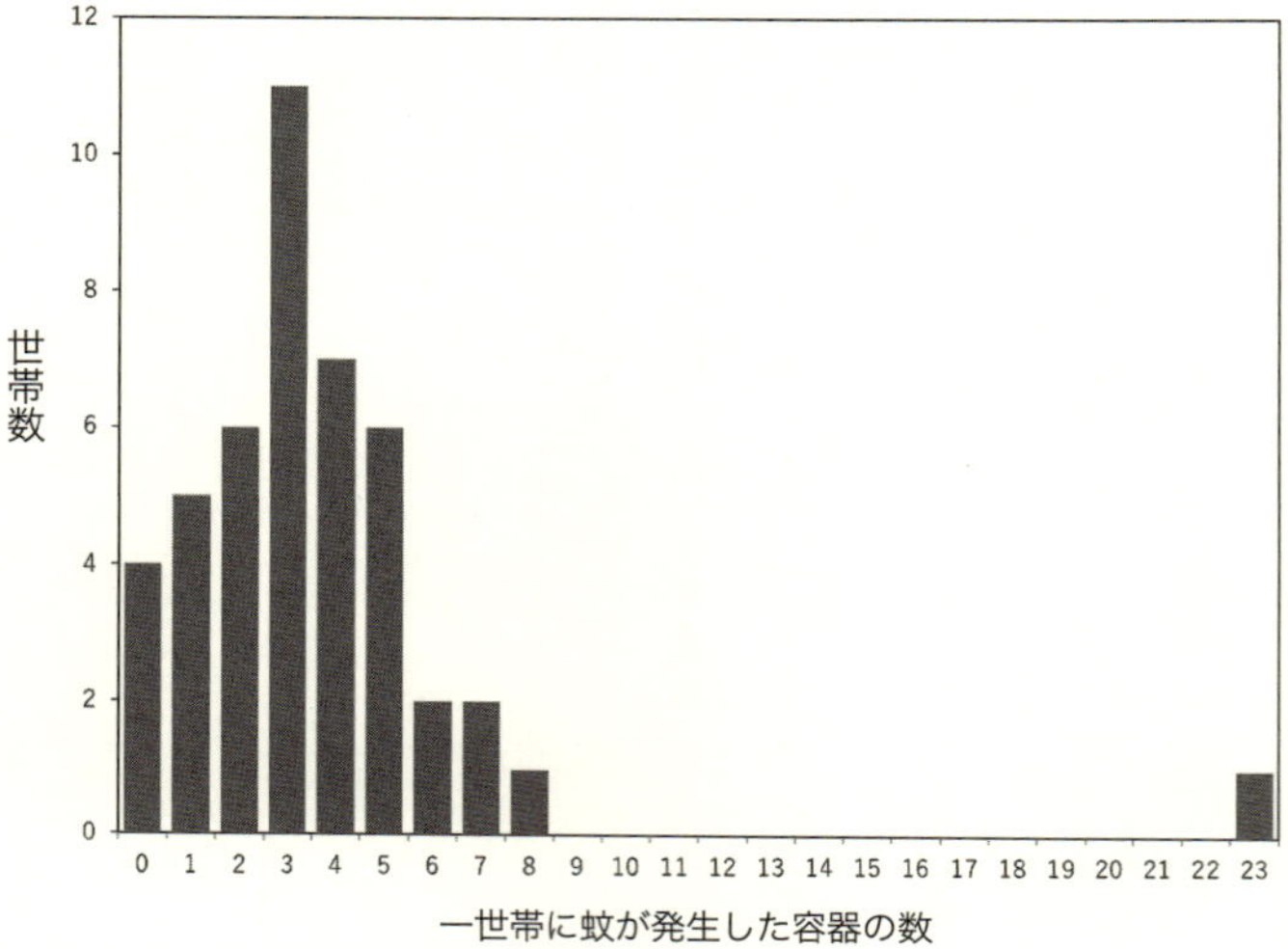

図２　世帯あたりの発生容器数の数

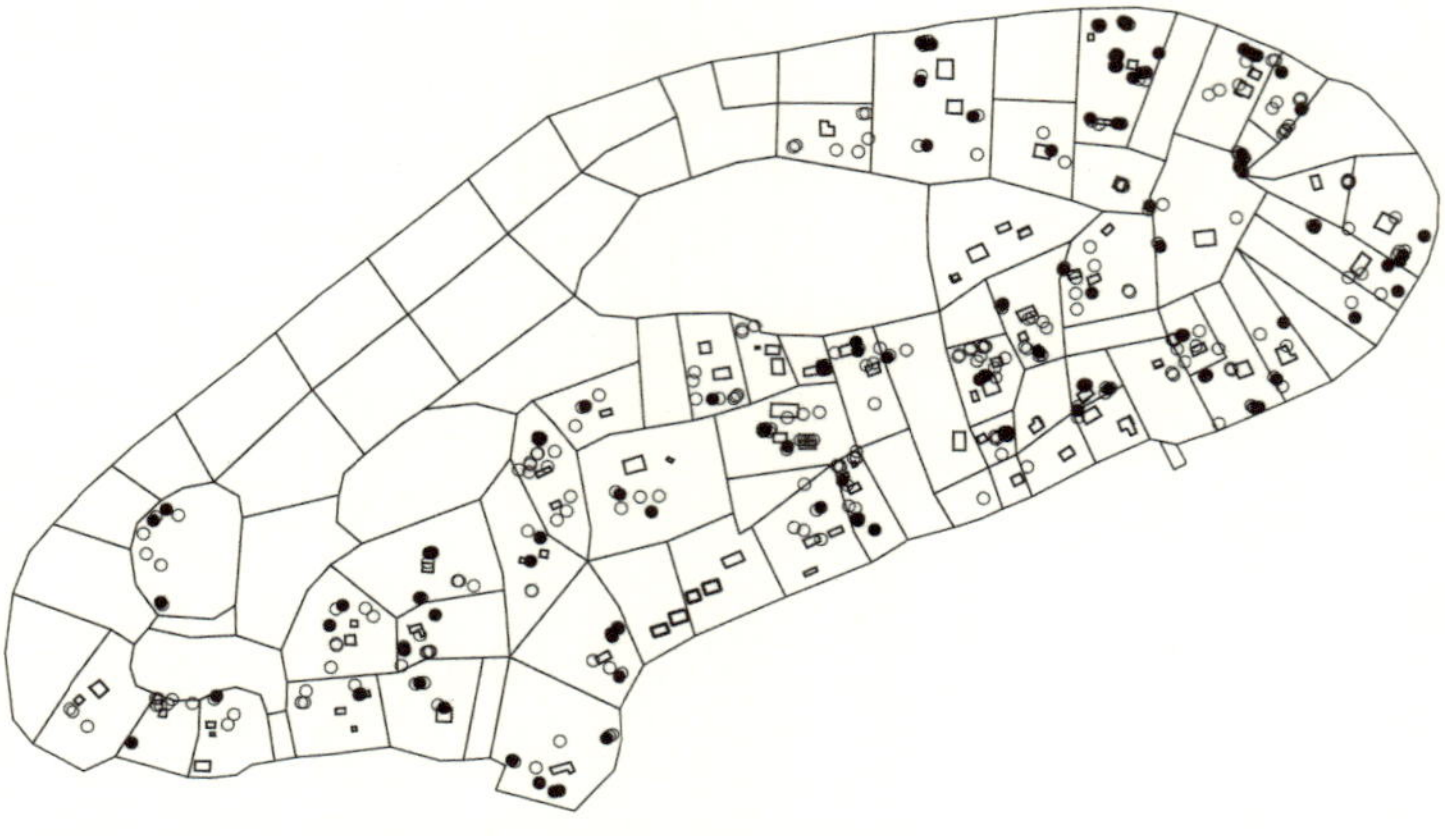

図３　*Aedes hensilli* の幼虫が発生した容器の分布図（●：*Aedes hensilli* の幼虫が発生した容器、○：水が入っていた容器、□：建屋、各世帯の境界線を引いているが必ずしも正確ではない）

ピス島でのデング熱対策

ピス島でデング熱が流行するときは、ヤップ州でデング熱が流行したときと同じように、*Aedes hensilli* が主要な媒介蚊になると思われる。*Aedes scutoscriptus* についてはデング熱媒介蚊になるのかどうかはわからないが、ネッタイシマカ、ヒトスジシマカ、*Aedes hensilli* と同じく *Aedes* 属 *Stegomyia* 亜属なので媒介能力がある可能性は十分にある。

ピス島でデング熱に感染しないためには、この二種に吸血されなければよい。これらの蚊は日中に吸血にくる。朝方や夕方にも吸血にくるが、夜になると吸血には来ない。マラリアを媒介するハマダラカは夜に吸血に来るので蚊帳を用いて感染の予防をするが、デング熱を媒介する蚊には利用できない。日中に蚊に刺されなければよいのだが、これが大変難しい。日本人がデング熱の流行地に行くときに蚊に刺されないための予防法は、長袖・長ズボンを着用して素肌を露出させないことと、忌避剤を使用することといわれている。しかし、エアコンが効いた場所が多い都会ならまだしも、ピス島などの電気が通っていない熱帯地方の離島では、長袖・長ズボンで生活するのは現実的ではない。また、ディートなどの忌避剤は効果があるものの、数時間でその効果がなくなることや、露出している肌に満遍なく塗らないと効果がないことから、現地の住民が日用に使うには適していない。

そこで、蚊の発生を抑える方法が必要となってくる。その一つが魚を放す方法である。ピス島では水道システムを作ったが、故障などもあり、現在では利用されていない。各家庭では大きなタンクに雨水を貯めたり、井戸水を生活用水としている。これらのタンクや井戸は容量が大きいため、一旦蚊の発生源になると大量の幼虫が発生することがある。特に、利用していないタンクや井戸では、蚊の発生が起こりやすくなる。そのために、いくつかの井戸には魚を入れて対策を行っている。魚は蚊の幼虫や蛹を食べてくれるので、魚がいるところでは蚊の

WHAT IS DENGUE ?

Dengue is a viral disease transmitted to humans by the bite of an infected *Aedes* mosquito. Outbreaks of dengue fever in Yap State, Palau and the Marshall Islands were reported in 2011.

THE SYMPTOMS

The symptoms of dengue can range from no symptoms at all, to a mild fever, to a serious illness with bleeding that can cause death.

Other symptoms may include:

- ●Sudden high fever (which may disappear after 3-4 days, only to reappear later)
- ●Pains in muscles and joints
- ●Severe headache and backache
- ●Pain on moving the eyes
- ●A rash, with or without itching
- ●Loss of appetite and weakness, with an unusual taste in the mouth
- ●Swollen lymph glands

Recovery is usually complete, but weakness and depression may linger for several weeks.

In addition to the above symptoms a more severe form of the disease, which is called dengue hemorrhagic fever, may also show one or more of the following:

- ●Skin bleeding (hemorrhage)
- ●Nose and gum bleeding, blood vomiting, blood in stool, severe menstrual bleeding
- ●Some patients go into a state of shock (rapid and very weak pulse, with cold skin and restlessness)
- ●Loss of blood and body fluids, loss of consciousness

Patients in shock are in danger of dying if the right treatment is not immediately given. A patient in shock may die within 12-24 hours, or recover rapidly if the right anti-shock treatment is provided.

Consult your physician if you develop these symptoms.

THE VECTORS OF DENGUE

The disease is transmitted by female *Aedes* mosquitos. In FSM, *Aedes aegypti*, *Aedes albopictus* and *Aedes hesilli* are important vector species.

*Aedes aegypti**

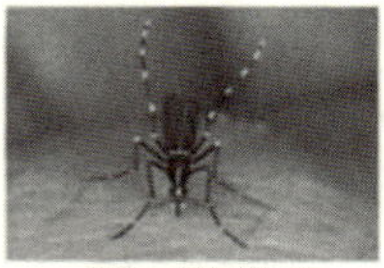

*Aedes albopictus**

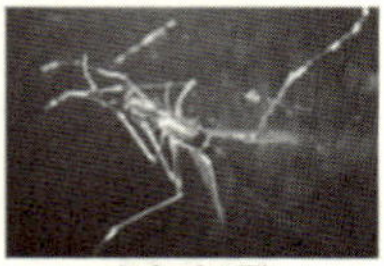

Aedes hesilli

*Photographs sourced from National Institute of Infectious Disease website

PREVENTIVE MEASURES

Generally, the adults will be found around 50 meters from the breeding sources with a maximum flight distance of around 200 meters. The elimination of mosquito breeding sites from houses and living-placee is effective to reduce the numbers of vector mosquitoes.

Breeding habitats

- ●Empty tins
- ●Buckets, bottles, pots, pans
- ●Coconut shells
- ●Storage drums
- ●Boats, canoes, etc.

Potential breeding habitats of *Aedes* in an outdoor situation

Cleaning the environment and removing breeding sites

Tins and bottles in plastic bags for disposal

Burying of discarded tins and other rubbish

(Illustrations sourced from "Guidelines for Dengue Surveillance and Mosquito Control", WHO 1995)

Prevention of Dengue Fever Outbreaks

Research Center for the Pacific Islands, Kagoshima University

1-21-24 Korimoto, Kagoshima, 890-8580, JAPAN
Tel: +81-99-285-7394　Fax: +81-99-285-6197
E-mail address : shimaken@cpi.kagoshima-u.ac.jp

図４　現地で配布するデング熱媒介蚊発生予防パンフレット

発生は起こらない。現在も生活用水として利用しているところに、魚を入れるのは抵抗があるかもしれないが、利用していないタンクや井戸には魚を入れるようにお願いしている。

ココヤシ殻やプラスチック容器、空き缶などの生活で出てくるゴミは、どうすればよいのだろうか。最もよい方法は、日本のようにゴミを集めて処分する方法だが、そのような予算は島にはないし、ゴミを処分する施設を島の中に作れるとも思えない。デング熱を媒介する *Aedes* 属の蚊は飛翔距離が一〇〇メートル程度と言われているため、焼却や埋め立てをしなくても、居住地から少し離れた場所にゴミ捨て場を作れば人への吸血は防げるのだが、それも難しそうである。

ゴミの処理を島としてできないのであれば、各家庭に適切なゴミの処分をお願いするしかない。現在でも、水の溜まる容器を家の周りに全く捨てていない家庭もあるし、ゴミを定期的に焼いたり、埋め立てたりして、発生容器がたまらないようにしている家庭もある。私たちは、デング熱対策の重要性と、生活から出るゴミがデング熱を媒介する蚊の発生源になることを説明したパンフレットを作り、島民に配布した（図４）。毎年蚊の調査を行うときには、このパンフレットを配り、蚊の話もするので、いくつかの家では発生源が減っているようである。しかし、ピス島全体としては状況が大きく変わっているわけではない。

デング熱の発症数が多いシンガポールでは、媒介が増えないように、庭や植木鉢に雨水が溜まっていないか検査を行い、溜まっていると罰金の対象となっている。このような罰則は、シンガポール以外ではできるとは思えないが、それほど媒介蚊の対策は難しいということでもある。

日本でもかつてはリンパ系フィラリア症が蔓延していた。特に奄美・沖縄地方は感染者が多くいた。フィラリア症を撲滅するために、一九五〇～七〇年代にかけて集団検診を行い、感染者に治療薬を配布するとともに、フィラリア症の媒介蚊であるアカイエカやネッタイイエカを殺すための殺虫剤を大量に散布した。当時は、蚊も減ったが、同時にハエも減ったとされている。それは、本来意図していない生物も殺虫剤の影響を受けたということとである。二〇一四年に代々木公園でデング熱が発生したときも、公園の茂みに大量の殺虫剤を散布している様子が繰り返しニュースで報道されていた。あのような大量の殺虫剤の散布が、ほかの昆虫の生態にどのような影響を及ぼしているのかは検証されていない。もし、ピス島でデング熱の流行が起これば、島中に殺虫剤の散布が行われるであろう。それが最も有効な方法だからである。そのようなことが起こらないためにも、一人でも多くの島民が私たちの配ったパンフレットに目を通し、デング熱対策の重要性を理解して、住民主導でゴミ対策を実施していくことを期待している。

ジカ熱

デング熱と同じく、蚊が媒介するウイルス感染症にジカ熱がある。二〇一六年にＷＨＯが、ブラジルなどの中南米で流行しているジカ熱が「国際的に懸念される公衆衛生上の緊急事態」にあたると宣言し、リオデジャネイロオリンピックの開催に際して大きな問題となった。

ジカ熱は一九四七年にアフリカのウガンダでウイルスが分離され、その後ヒトへの感染がアフリカやアジアで一〇例ほど報告があっただけだったが、二〇〇七年にミクロネシア連邦のヤップ州で突然流行した(8)。症状が比較的軽微だったこともあり、当時は世界的には大きな問題にはならなかった。その後も、しばらく流行は起こらなかったが、二〇一三年にフレンチポリネシアで流行が起こり、クック諸島やイースター島などで流行が起こった後に、南米大陸で流行した。その後、流行地域は地中海や中米に広がっていった(9)。二〇一五年には、妊婦がジカ熱に感染すると、先天的に脳の発育が不十分な小頭症の新生児が生まれるという報告がされ、先の緊急事態宣言となった。

ジカ熱を媒介する蚊は、中南米ではネッタイシマカやヒトスジシマカだが、ヤップ州の流行では *Aedes*

hensilli が媒介していた。ピス島での優占種である。すなわち、表1で示すように、ミクロネシア連邦の島々には *Aedes hensilli*、ネッタイシマカ、ヒトスジシマカがいるため、デング熱同様、どこでもジカ熱の流行が二〇〇七年のヤップ州のように起こる可能性がある。二〇〇七年以降、ミクロネシア連邦でジカ熱の流行は報告されていないが、隣のマーシャル諸島共和国では二〇一六年に国内感染が確認されており[10]、今後の注意が必要である。

二〇一六年にミクロネシア連邦で調査を行ったときには、多くの場所にジカ熱に対する注意を呼びかけるポスターが貼ってあった。デング熱に加えて、ジカ熱も世界的に問題になっているにも関わらず、ミクロネシア連邦では、一部の行政関係者以外のほとんどの人は、蚊に関して特に注意しているようには見えない。このことは、ミクロネシアの人々が公衆衛生に対する意識が低いからではない。二〇一四年に代々木公園でデング熱の流行が起こり、その後、厚生労働省や一部の地方自治体は蚊の対策を行っているが、日本でもほとんどの人は対策を行っていない。日本でもミクロネシア連邦と同じく、デング熱の流行がいつ起こってもおかしくないのに、である。私にはピス島と日本の人との間に、蚊に対する取り組み方に大きな違いはないように思える。それは、どちらの国も今現在においては、蚊が媒介する感染症が流行していない

郵便局に貼ってあったジカ熱のポスター

からかもしれない。「蚊を減らすことが重要です」といくら人々に言っても、直接被害などがなければ、ほとんどの人は積極的な行動をしないところは、日本もピス島も共通している。

　起こるかもしれないリスクにどのように備えるかは、社会として大きな問題である。ここでは感染症を取り上げたが、自然災害やテロなどリスクはほかにもたくさんある。すべてのリスクに備えるのは大変なことだ。だからこそ、感染症対策は医療関係者だけではなく、いろいろな分野の人の知恵を借り、よりよい方法を探さなければならない。現在、私たちがミクロネシア連邦で行っているプロジェクトは医療関係者だけではなく、民族植物学、経済学、さらには農学、海洋生物学、人類学など様々な分野の研究者を巻き込み、学際的な視点から解決策を探っている。すぐに答えは出ないが、地道な努力の先に光が見えると信じて研究を続けているところである。

注

（1）WHO 2006. The PacELF Way: Towards the Elimination of Lymphatic Filariasis from the Pacific, 1999-2005. WHO Regional Office for the Western Pacific, Manila.

（2）Savage, H. M., Fritz, C. L., Rutstein, D., Yolwa, A., Vorndam, V. and Gubler, D. J. 1998. Epidemic of dengue-4 virus in Yap State, Federated States of Micronesia, and implication of *Aedes hensilli* as an epidemic vector. The American Journal of Tropical Medicine and Hygiene, 58(4): 519-524.

（3）Durand, M. A., Bel, M., Ruwey, I., Marfel, M., Yug, L. and Ngaden, V. 2005. An outbreak of dengue fever in Yap State. Pacific Health Dialog, 12(2): 99-102.

（4）CDC 2013. Dengue outbreak-Federated States of Micronesia, 2012-2013. Morbidity and Mortality Weekly Report, 62(28): 570-573.

（5）Hoy, D., Yichiro, Y., Otoko, K., Heldart, H., Meyshine, A., Assito, P., Pretrick, M., Souares, Y., Hancock, T., Durand, M. and Rotha, A. 2014. Investigating an outbreak of acute fever in Chuuk, Federated States of Micronesia. Western Pacific Surveillance and Response Journal, 5(4): 5-12.

（6）Bhatt, S., Gething, P., Brady, O. J., Messina, J. P., Farlow, A. W., Moyes, C. L., Drake, J. M., Brownstein, J. S., Hoen, A. G., Sankoh, O., Myers, M. F., George, D. B., Jaenisch, T., Wint, G. R. W., Simmons, C. P., Scott, T. W., Farrar, J. J. and Hay, S. I. 2013. The global distribution and burden of dengue. Nature, 496(7446): 504-507.

（7）Noda, S. 2014. Mosquito fauna in the Federated States of Micronesia: A discussion of the vector species of the Dengue Virus. South Pacific Studies, 34(2): 117-127.

（8）Duffy, M. R., Chen, T., Hancock, W. T., Powers, A. M., Kool, J. L., Lanciotti, R. S., Pretrick, M., Marfel, M., Holzbauer, S., Dubray, C., Guillaumot, L., Griggs, A., Bel, M., Lambert, A. J., Laven, J., Kosoy, O., Panella, A., Biggerstaff, B. J., Fischer, M. and Hayes, E. B. 2009. Zika virus outbreak on Yap Island, Federated States of Micronesia. The New England Journal of Medicine, 2009(360): 2536-2543.

（9）Petersen, L. R., Jamieson, D. J., Powers, A. M. and Honein, M. A. 2016. Zika virus. The New England Journal of Medicine, 374(16): 1552-1563.

（10）WHO 2016. Zika Virus Microcephaly and Guillain-Barré Syndrome. Situation Report 26 February 2016.

離島看護学の可能性

谷口光代

私は、これまで助産師としてハイリスクの妊娠・分娩や周産期救急を担う病院で勤務し、その後、青年海外協力隊としてアフリカにあるモロッコでも助産師として活動した。帰国後に経験した離島へき地医療は、私にたくさんの「刺激」を与えてくれた。現状を知り、見つけた課題をよりよい方向に解決していくためには、研究が必要であると考え、鹿児島大学大学院保健学研究科に入学した。

大学院全学横断的教育プログラム「島嶼学教育コース」を履修し、鹿児島県では中之島と硫黄島、国外ではミクロネシア連邦チューク州の離島へ行く機会に恵まれた。中之島と硫黄島では、島にある診療所で勤務する看護師の貴重な話を聞くことができた。定期的な巡回診療はあるが、看護師は常駐していても医者が常駐していない無医村であることの大変さなど、島の医療体制の現状を知ることができた。

チューク州のピス島では三日間住民とともに過ごした。風呂場はなく、井戸で水を自分でくみ上げ、その場で水浴び。井戸水を釣瓶でくみ上げるのは簡単そうに見えて、実際にやってみると難しい。子どもたちに教えてもらいながら、なんとかコツをつかみシャワーを浴びた。

ピス島の医療状況であるが、病院や診療所といったものはなく、定期的に看護師が来てくれるとのことだった。お産に関しても島外出産とのことで、「不安はないか」とお世話になったお母さんに聞くと、「特にない」とのことであった。明るく返答してくれるお母さんと話しながら私も笑顔をもらった。しかし、そのやりとりのなかで、特に不自由なく不安はないと笑顔で語ってくれたことに少し違和感を覚えた。「島に病院がなくて、看護師も時々しか来てくれないから何かあったときを考えると不安だ」というような返答を期待している自分がいたからだ。

日本に生まれ日本で生活していると、色々なことが当たり前で、普段は空気のような存在である文化を意識することはあまりない。しかし、歴史や文化を知り、自然に触れ、現地の人と生活をともにすることで、様々なものが五感を通して意識でき、「違い」に気付く。この「違い」が、日本の文化や自分自身の価値観などとの「違い」であり、その気づきから多くの学びを得ることができた。いつまでも「違い」・「異文化」として捉えるのではなく、「多文化」として認識し受け入れることは、人を対象とする看護を提供するうえで必要不可欠なことではないだろうか。離島へき地医療を経験したときに私が感じた「刺激」は、まさにその「違い」から生じたものである。

看護の対象である患者の多くは病院のベッドが生活の場となるが、普段は地域で生活しており、退院後はまた地域にもどっていく。看護の基本である「対象者を理解する」ということは、「対象者が育ってきた環境や生活する地域の文化を含めて対象者を理解する」ことが重要であり、そのことが対象者に合ったより適切な看護につながると考える。そのことを教えてくれる場所が離島なのではないだろうか。

島嶼学教育コースの講義の中で、「離島の問題や課題、よいところなどは、日本の縮図である。離島を考えることは日本を考えることになる」という言葉を教えてもらった。「離島医療を考えることは日本の医療を考えることになる」と置き換えられないだろうか。離島をフィールドにして看護を学ぶ看護教育もあるように、看護学の中に「離島看護学」という学問が今後確立され、日本の縮図である離島で日本では意識できない文化や、地域で生活する対象者を理解することなどを学べる機会が必要であると考える。それは、グローバル化にともない在日外国人が増加している日本においても、海外であっても、提供する看護を豊かにしてくれると期待する。対象者に合った看護を行うために、これからも国内外の離島を訪れる中で感じる「刺激」を大事に学びとして吸収しながら、人を理解するということを多角的に捉えることのできる看護者として成長していきたい。

郵便はがき

料金受取人払郵便

鹿児島東局
承認
439

差出有効期間
平成31年6月
9日まで
切手を貼らずに
お出し下さい

892-8790

168

鹿児島市下田町二九二―一

図書出版
南方新社 行

ふりがな 氏　名		年齢　歳 男・女
住　所	郵便番号　－	
Eメール		
職業又は 学校名		電話(自宅・職場) (　　)
購入書店名 (所在地)		購入日　月　日

書名　(　　　　　　　　　　　　　　　　)愛読者カード

本書についてのご感想をおきかせください。また、今後の企画についてのご意見もおきかせください。

本書購入の動機（○で囲んでください）

A　新聞・雑誌で　（ 紙・誌名　　　　　　　　　　　　）
B　書店で　C　人にすすめられて　D　ダイレクトメールで
E　その他　（　　　　　　　　　　　　　　　　　）

購読されている新聞，雑誌名

新聞　（　　　　　　　　）　雑誌　（　　　　　　　　）

直 接 購 読 申 込 欄

本状でご注文くださいますと、郵便振替用紙と注文書籍をお送りします。内容確認の後、代金を振り込んでください。（送料は無料）

書名		冊
書名		冊
書名		冊
書名		冊

あとがき

あとがきなのに、まだ筆をおきたくない。満天の星空の下、ウクレレを聞きながらココヤシの葉で編んだマットの上でウトウトする話、ピス島からウェノ島へ向かっているとき、もう少しでウェノ島、というところでガス欠になり、櫂を使ってみんなで漕いだ話、ウェノ島から約八〇人がピス島に来島し、バレーボール大会と大宴会が開催された話、海の中で大きい方の用を足すときの注意点に関する話、ピス島での葬礼の話、グアム島におけるピス島出身者のコミュニティーの話……。あんな話、こんな話、まだまだ書きたい。子どものように駄々をこねたい。そう、ピス島の島民のように。

ピス島の人々は冗談が大好きだ。毒舌をはきながらも、会話のキャッチボールで笑いを生んでいく。私の個人的な印象だと、いわゆる「関西人」っぽい。ピス島やチューク州に滞在していて非常に居心地がよいのは、私が育ってきた環境と大きく関係しているように思う。そして彼らは喜怒哀楽が激しい。喜ぶときは奇声をあげるし、一旦スイッチが入ると、ものすごい声で怒鳴る。殴り合いの喧嘩だけではなく、家のドアに穴をあけたり、コンクリート製の柱をボキッと折ったりと、あまりにも荒々しく、恐怖を感じることもしばしばである。三〇代の女性と一〇代後半の女性が口喧嘩をして、後者がまわりを気にせずに大声で泣いているのを見たこともある。どこか子どもっぽいのだ。

このように書くと、ピス島の島民は精神的に「幼稚」なのではないか、と思われるかもしれない。しかし、小学生から二〇代の男女をピス島と日本とで比べてみたとき、私はピス島の人々の方が断然大人びていると思う。勉強、仕事、などのように、どこか線引きをした、そして枠にはまった日本の暮らしではなく、多面的・総合的に日々の暮らしを送っていることが、ピス島の人々の立ち居振る舞いに「大人」っぽさを与えているのかもしれない。また、島民はシャイで、礼儀正しく、目上の人に対する接し方は日本の少し前の時代にそっくりだ。日本の都会の電車内で、高齢者と若者との間でいざこざが起こる、なんてことは、ピス島の人々には到底理解できないだろう。ピス島を訪れるたびに、私たち日本人の現在の暮らしが本当に「幸せ」なのか、考えさせられる。

さて、本書を出版することができたのは、私の所属する鹿児島大学国際島嶼教育研究センターを退職された野田伸一先生と長嶋俊介先生によるところが大きい。ミクロネシアの「ミ」の字も知らなかった私たちを、ミクロネシア調査に誘ってくださったのが先生方である。とある島の小屋で、コンクリートにござを敷いて両先生と雑魚寝していると、雨が降り出し、雨漏りのせいで背中がベチャベチャになったことは、今でもとてもいい思い出である。野田先生と長嶋先生に厚く御礼申し上げます。

また、チューク州政府、在日ミクロネシア大使館、チューク州で観光業を営む末永ご夫妻、そしてピス島の全島民など、関係者の皆様のご協力によって本書に関する調査・研究を行うことができた。深く感謝いたします。特に、ピス島のベニート・ネレオ（Benito Nereo）前村長および彼のご親族は、島での調査に全面的なご協力をいただいただけではなく、私たちをまるで家族の一員であるかのように、いつも温かく迎えてくださる。現在ベニートさんはご子息とともにグアム島に住んでおられるが、私たちがグアム島を訪れると、豪華な食事を準備し、かわいいお孫さんたちと出迎えてくれる。お孫さんたちは、私たちを楽しませるために華麗なダンスも披露してくれる。ベニートさんとご親族の皆様のご厚意に、心より感謝いたします。

そして、このような調査・研究を行う上で、多くの団体から資金援助をいただいた。ここに助成の一覧を掲げ、感謝の意を表したい。

・科学研究費補助金基盤研究（C）「ミクロネシア連邦でのデング熱媒介蚊の分布調査と予防対策のための地域社会調査」（研究代表者：野田伸一、二〇一〇年四月〜二〇一三年三月）
・科学研究費補助金基盤研究（B）「ミクロネシアの小島における社会関係資本連携型のデング熱対策実践」（研究代表者：長嶋俊介、二〇一二年四月〜二〇一五年三月）
・旭硝子財団平成二十五年度採択研究助成（人文・社会科学系）「「海」に依存する小さな島の矛盾―自立的発展への道標―」（研究代表者：山本宗立、二〇一三年四月〜二〇一五年三月）
・科学研究費補助金若手研究（B）「東南アジア島嶼部およびミクロネシアにおけるトウガラシ属の民族植物学的研究」（研究代表者：山本宗立、二〇一五年四月〜二〇一八年三月）
・平成二七年度公益財団法人たばこ総合研究センター研究助成「台湾およびミクロネシアにおける檳榔利用―過去と現在の比較―」（研究代表者：山本宗立、二〇一五年四月〜二〇一六年三月）
・科学研究費補助金基盤研究（B）「オセアニアにおける住民参加型による持続可能なデング熱対策の実践」（研究代表者：大塚　靖、二〇一六年四月〜二〇一九年三月）

出版にあたっては、本書のようなマニアックな内容をとりあげてくださった南方新社の向原祥隆さんに心から感謝したい。そして、本書の構成や内容に関するコメント、写真の選定、文言の修正など、最初から最後まで献身的に編集作業をしていただいた大内（旧姓西條）喜来さん、あなたが学生時代からの付き合いになるが、本当にありがとう。

本書に関わったすべての皆様に、キニショウ・チャプール（Kinisou Chapur）。

二〇一七年八月

ピス島のラメニオンにて

山本宗立

Ethnography of Piis-Paneu Island, Chuuk State, the Federated States of Micronesia

This book is the outcome of interdisciplinary research conducted on Piis-paneu Island, Chuuk State, the Federated States of Micronesia, by researchers from Research Center for the Pacific Islands, Kagoshima University, and their colleagues. The book consists of two parts; Part I Chuuk State: Chapter I Marine Environment (Daisuke Uyeno), Chapter II Land Environment (Motohiro Kawanishi), Chapter III Geological Origin (Hafiz Ur Rehman and Yujin Kitamura), and Chapter IV History and Economy (Satoru Nishimura); and Part II Piis-paneu Island: Chapter I Daily Life (Sota Yamamoto), Chapter II Food Culture (Sota Yamamoto), Chapter III Marine Resources (Daisuke Uyeno), Chapter IV Vegetation and Plant Usage (Motohiro Kawanishi), and Chapter V Public Health (Yasushi Otsuka).

We would like to express our gratitude to Chuuk State Government, Embassy of the Federated States of Micronesia in Japan, Mr. Seferin Jasinto (Traditional Leader [*Soupun*] of Piis-paneu), Mr. Roger Robert (Mayor of Piis-paneu), and all the villagers of Piis-paneu Municipality for supporting us to conduct our research on the island. Especially, we are deeply grateful to Mr. Benito Nereo (former Mayor of Piis-paneu), his children (BN, Christopher, Larry, Teddy, Begonia, Jessie, Benita, Kasinta, Caroline, Ben, Merry, Neor, and Ann), his grandchildren, and his relatives for their generous hospitality, kindness, and openness. They always welcome and treat us like family members with delicious food, places to stay, and lovely dance and music on Piis-paneu and Guam islands. We could not have efficiently performed our work without their warm-hearted and constant help. *Kinisou chapur*!

This work was partly supported by the Japan Society for the Promotion of Science (No. 22510271, No. 24402006, No. 15K16585, and No. 16H03314); the International Program of Collaborative Research of the Center for Southeast Asian Studies, Kyoto University; the Asahi Glass Foundation; and Tobacco Academic Studies Center.

Yasushi Otsuka
Sota Yamamoto
Ramenion, Piis-Paneu, Chuuk
August 2017

宋　多情（そん だじょん）

1990年、韓国・全州市生まれ。鹿児島大学大学院人文社会科学研究科博士後期課程三年。修士（文学）・鹿児島大学。専門は文化人類学。論文に「奄美大島におけるエコツーリズムの受容プロセス」（2017年、島嶼研究）など。

高宮広土（たかみや ひろと）

1959年、沖縄県生まれ。鹿児島大学国際島嶼教育研究センター教授。Ph.D. in Anthropology, University of California, Los Angeles。専門は先史人類学。著書に『島の先史学：パラダイスではなかった沖縄諸島の先史時代』（2005年、ボーダーインク）、『マヤ・アンデス・琉球：環境考古学で読み解く「敗者の文明」』（共著、2014年、朝日新聞出版）など。

谷口光代（たにぐち みつよ）

1977年、鹿児島県生まれ。京都学園大学健康医療学部助教。修士（看護学）・鹿児島大学。専門は助産学・看護学。論文に「HTLV-1キャリア妊産婦からの相談内容：鹿児島県の保健師および助産師への調査結果から」（共著、2016年、インターナショナルNursing Care Research）など。

中谷純江（なかたに すみえ）

1967年、奈良県生まれ。鹿児島大学グローバルセンター教授。博士（学術）・金沢大学。専門は社会人類学・南アジア地域研究。著書に「農村社会における交換の変容―あるラージャスターン農村の事例」（2015、『現代インド6 還流する宗教と文化』東京大学出版会）など。

西村　知（にしむら さとる）

1963年、京都府生まれ。鹿児島大学法文学部教授。博士（経済学）・九州大学。専門は開発経済学・農村経済学。論文に「「新興国」フィリピンの挑戦」（2015年、アジア太平洋討究）など。

ハフィーズ・ウル・レーマン（Hafiz Ur Rehman）

1972年、パキスタン・コハト市生まれ。鹿児島大学大学院理工学域（理学系）助教。博士（理学）・鹿児島大学。専門は地質学。論文に「Thermobaric structure of the Himalayan Metamorphic Belt in Kaghan Valley, Pakistan」（共著、2007年、Journal of Asian Earth Sciences）など。

濱島実樹（はましま みき）

1993年、鹿児島県生まれ。三島村立大里中学校教諭。修士（教育学）・鹿児島大学。戦国から江戸初期にかけて行われたキリスト教宣教師による鹿児島布教について、主要な布教地域とはなり得なかった鹿児島が、宣教師による日本戦略の中で果たした役割について研究を行った。

■ 著者紹介（五十音順）

上野大輔（うえの だいすけ）
1981年、栃木県生まれ。鹿児島大学大学院理工学域（理学系）助教。博士（農学）・広島大学。専門は動物分類学・水族寄生虫学。主に熱帯から亜熱帯海域の寄生生物の多様性について研究を進めている。

河合　渓（かわい けい）
1963年、愛知県生まれ。鹿児島大学国際島嶼教育研究センター教授。博士（水産）・北海道大学。専門は海洋生物学。著書に「ソフトコーラル群集に生息する貝類の生態」（2016年、『奄美群島の生物多様性—研究最前線からの報告—』南方新社）など。

川西基博（かわにし もとひろ）

1976年、香川県生まれ。鹿児島大学教育学系准教授。博士（学術）・横浜国立大学。専門は植物生態学・植生学。著書に「荒川の植生」(2011年、『流域環境を科学する』古今書院)、「奄美大島の河川に成立する植物群落の生態と多様性」（2016年、『奄美群島の生物多様性—研究最前線からの報告—』南方新社）など。

北村有迅（きたむら ゆうじん）
1977年、東京都生まれ。鹿児島大学大学院理工学域（理学系）助教。博士（理学）・東京大学。専門は地質学。論文に「Structural evolution in accretionary prism toe revealed by magnetic fabric analysis from IODP NanTroSEIZE Expedition 316」(共著、2010年、Earth and Planetary Science Letters）など。

西條喜来（さいじょう きく）
1990年、福井県生まれ。図書出版南方新社勤務（編集）。修士（理学）・鹿児島大学。専門はウミガメ類、ハチ類などを主とした海浜生態学。論文に「Records of ants from the Chuuk State, Micronesia (Hymenoptera, Formicidae)」（共著、2015年、Biogeography）など。

坂口　建（さかぐち たける）
1991年、福岡県生まれ。いおワールドかごしま水族館嘱託員。修士（理学）・鹿児島大学。専門は環形動物多毛綱（特にゴカイ科）の分類生態学。論文に「奄美群島の陸—海境界領域に生息するゴカイ科多毛類」（共著、2016年、南太平洋海域調査研究報告）など。

島田温史（しまだ あつし）
1989年、東京都生まれ。鹿児島大学大学院農学研究科学術特定研究員。博士（農学）・鹿児島大学大学院連合農学研究科。専門は果樹園芸学・熱帯果樹学。論文に「Effect of temperature on photosynthesis characteristics in the passion fruits 'Summer Queen' and 'Ruby Star'」（共著、2017年、The Horticulture Journal）など。

■ 編著者紹介

大塚　靖（おおつか やすし）

1968年、愛媛県生まれ。九州大学理学研究科修了、博士（医学）。大分大学医学部を経て、2014年より鹿児島大学国際島嶼教育研究センター准教授。専門は衛生動物学・寄生虫学。吸血昆虫であるブユの系統分類や、ブユが媒介する寄生虫に関する研究に従事。著書に「薩南諸島の外来の衛生動物」(2017年、『奄美群島の外来生物—生態系・健康・農林水産業への脅威—』南方新社)、「Black fly of the Osumi Islands」(2017年、『The Osumi Islands: Culture, Society, Industry and Nature』北斗書房）など。

山本宗立（やまもと そうた）

1980年、三重県生まれ。京都大学大学院農学研究科博士課程修了、博士（農学)。名古屋大学農学国際教育協力研究センター、京都大学東南アジア研究所（研究機関)、日本学術振興会特別研究員PD（受入：京都大学大学院アジア・アフリカ地域研究研究科）などを経て、2010年より鹿児島大学国際島嶼教育研究センター准教授。専門は民族植物学・熱帯農学。アジア・オセアニアにおける植物利用（特にトウガラシ属植物の遺伝資源・文化資源）や食文化に関する研究に従事。著書に「薩南諸島の唐辛子—文化的側面に着目して—」(2016年、『鹿児島の島々—文化と社会・産業・自然—』南方新社)、「Ethnic fermented foods and beverages of Cambodia」(2016年、『Ethnic Fermented Foods and Alcoholic Beverages of Asia』Springer India)、「薬味・たれの食文化とトウガラシ—日本」(2010年、『トウガラシ讃歌』八坂書房）など。

ミクロネシア学ことはじめ　魅惑のピス島編
Ethnography of Piis-Paneu Island, Chuuk State, the Federated States of Micronesia

2017年12月25日　初版第1刷発行

編　者　大塚　靖・山本宗立
Otsuka Yasushi, Yamamoto Sota

発行者　向原祥隆
Mukohara Yoshitaka

発行所　株式会社 南方新社
Nanpou Shinsha Kagoshima

〒892-0873　鹿児島市下田町292-1
電話　099-248-5455
振替口座　02070-3-27929
URL　http://www.nanpou.com/
e-mail　info@nanpou.com

印刷・製本　株式会社イースト朝日
定価はカバーに表示してあります　乱丁・落丁はお取り替えします
ISBN978-4-86124-377-6 C0026